一位忙碌女主播的怀孕日记

我的孕产私教手册

刘舒佳 (Audrey Liu)·著

上海文化出版社
SHANGHAI CULTURE PUBLISHING HOUSE

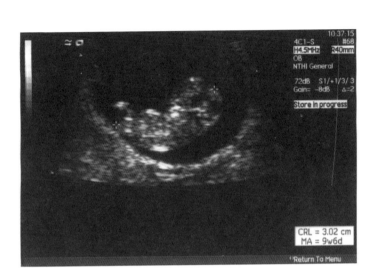

前　言

"恭喜你哦，两条杠哦，中队长啦！"

每个人生命中都会有那么几句毕生难忘的话。

它会像过电影一样，在你的脑海中反复播放，你每次想起，它都如蜜一般的香甜，就像是春天的第一缕阳光暖暖地照在你的心上。

2014 年 4 月 28 日，在青海路上，这个离电视台最近的岳阳医院里，我享受着这句话带来的无限幸福。真有意思，这个小小的新生命与世界最初的沟通仅仅是一条显色的试纸，而如今，他已经会冲我笑，逗我开心了。当我知道自己是一位准妈妈的时候，我开始记录下我的各种变化，心理上的，生理上的。这是我一直期盼的变化，是一个非常奇妙而又"忐忑"的过程。那时，我常常假装老成地说着："要做妈妈了，一辈子的牵挂就这样开始了。"这是一个奇妙的过程，如同孩子学步、学生毕业、恋人结婚一样，只有真正经历过这一切的人才知道其中的滋味。这扑面而来的幸福和甜蜜中，时常夹杂着一些对未知的紧张。当这个小生命在你的体内一天一天地生长，他的一举一动都会牵动你的神经。

在得知自己怀孕之后，我成了一个"问题妈妈"：B 超是不是会伤害胎儿？怎样的饮食是健康的？睡觉的姿势对孕妇有影响吗？孕期能不能出国旅游？怎么才能做到养胎却不发胖？孕妇到底能不能避免妊娠纹？这一卡车的问题让我一个头两个大。我很幸运，在这段时间里结识了不少医生、辣妈，以及孕期饮食调理方面的专家，这使得我能更好地管理和保护自己的身体，精心照顾好我肚子里的小生命，他们的建议非常的珍贵。

感谢我的母亲，把我带到了这个世界，使我有机会经历这人生最美妙的时刻。为了不让她担心，我拒绝了她进产房陪我的要求，我们常常一起做很多事，逛街、买菜、聚会，但这件事不能一起，我怕她看了会心疼。如今，她已经是小 George 的外婆了，一把年纪了，还"疯疯癫癫"地和 George 唱啊跳啊，她的执着与付出值得我学习。谢谢我的 W 先生，他在产房里晕倒的经典桥段会是我们一辈子相互逗趣的话题。他是个时间观念很强的人，对于 George 的提早驾到，他一直都很难接受。W 先生总希望能给予我们最好的生活环境，他对整个家庭的呵护源于他对我们的爱与责任。谢谢我的医生汝炜，这个风趣而又幽默的妇产科男医生让我度过了轻松而又健康的十个月。自打他为我接生以后，我像是他的经纪人一样，不停地向好友推荐，真是醉了。

孕育新生命是蜕变，一个生命的诞生让另一个生命更加完整。这本书对于我的孩子来说是一个记录，是他诞生后的第一份礼物。等他长大了，他会知道在他人生最初的十个月里，妈妈如何为他的到来做足准备。而对于那些即将成为妈妈的朋友而言，我希望这是一次成长经历的分享。

我的孕产私教团

汝炜 妇产科专家

毕业于上海第二医科大学（现属上海交通大学），长期供职于上海瑞金医院，现为上海和睦家医院妇产科医生。汝医生拥有丰富的临床经验，还曾赴欧洲接受系统的妇科内窥镜手术等培训，在治疗不孕症、内分泌失调等方面有突出成就。从业至今，汝医生已成功接生近两千个宝宝。

李欣 儿科医生

毕业于北京大学，并获得儿科临床医学博士学位。李医生拥有 24 年儿科临床经验，曾在上海和睦家医院工作 11 年，现为上海嘉会国际医院儿科医生。

邱琼　明星主厨

中国最有影响力的女主厨之一。1985 年开始学习法餐烹饪，曾供职于各大高星级酒店和豪华餐厅，现为盒马鲜生餐饮体验专家。作为业内少有的顶级女性厨师，邱琼尤为关注孕产妇的饮食问题，并开发出了一系列菜谱。

Ann Leong　母婴产品专家

Mothercare 中国区总经理。Ann Leong 对准妈妈和婴幼儿的需求以及母婴产品的性能有精准的了解，致力于向中国的妈妈们推荐最安全、最舒适的母婴用品。

Kasia wilkos　健身专家

波兰人，曾在多家国际知名水疗中心、娱乐中心担任瑜伽老师和健身教练，现为上海半岛酒店水疗中心总监。Kasia 擅长将健身和水疗相结合，做出对身心有益的健康方案。发表过多篇关于健康生活方式的文章，并设计过两档健康类的电视节目。此外，Kasia 还专门为孕妇、儿童研发了特殊的瑜伽课程。

吴元沁 corrine 高级营养师

毕业于澳大利亚南昆士兰大学，主修应用心理学与营养学。曾任玛花纤体新加坡及中国大陆地区首席营养师多年，有丰富的营养咨询经验。吴元沁还长期为《瑞丽》《今日风采》《心理月刊》《完全生活周刊》《第一生活》等杂志撰写专栏。

Bob Yang 药膳专家

曾就职于沪上知名餐厅新都里无二、窝六等，并参与了源气365餐厅的创立与菜品研发，现任正本清源餐厅行政总厨。出身于中医药世家的Bob，从小便熟悉各种中药材，对它们的性味、功效都有很好的把握，为自己的药膳料理打下了坚实的基础。

姚阿姨 金牌月嫂

专业从事月嫂工作近20年，曾服务于多家知名妇幼保健院及儿科医院。为来自世界各地的近300位妈妈们提供专业的中国式月子服务和新生儿护理服务。

目 录

一、孕前期

二、孕中期

三、孕后期

四、新生命到来

1

孕前期

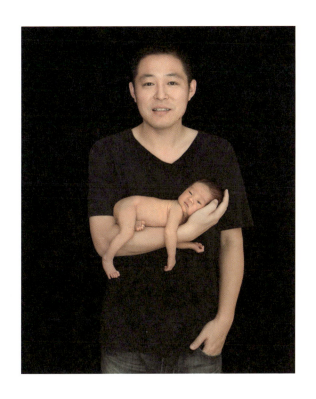

2014 年 4 月 24 日
"哈，我要做爸爸啦！"

"你怎么还在啊？"同事 L 小姐在办公室走道里撞见我，她知道我今早 6 点就开始连轴转了，接连二个采访，脑壳都疼了。

到了下班时间了，我的步伐有些迟缓。

"Burberry 今晚大秀，晚上 9 点开始哦！" 我看着很疲惫，但说这句话的时候很兴奋，自从加入 City Beat 这个外语频道的王牌栏目，国内外的秀场跑了不少，这次的秀堪称业内顶极，再累也不能错过啊。

"你还是早点回去吧，不是腰不好吗，别硬撑着了！"L 小姐真有点像我妈了。

在一线工作，特别是干电视这一行，你得有一个铁打的身体，我的这副铁架子估计是用力过猛了，入行五六年，腰上的毛病开始让我时不时地要卧床休息，能欣赏的只有天花板，无力又苍白。

"嗯……还是去吧！"我实在不舍得错过，走向办公桌开始整理晚上的采访提纲。

晚上9点，在采访等候区站了三个小时，我实在庆幸自己的选择，穿了一双半高跟的鞋。

我顺利地完成了专访，并进入了秀场，与数年前Chanel在外滩斥巨资打造的Paris Shanghai秀相比，Burberry也毫不吝啬库房里的银子，音乐剧演出、百人模特团队、3D影像技术，再加上设计师们对春夏的感悟而创作出的设计，今晚的微信群估计又是一整夜的刷屏了吧。

晚上11点，一双高跟鞋拖着我回到了家，W先生开了盏小灯，在沙发上假寐。看着他这副媒体人老公可怜兮兮的样子，我突然想起一件非常重要的事情——"选中队长"的日子。

几个月来，我们一直都希望能为家里添一个新成员，无奈我们都工作忙碌，再加上我常常出差，腰痛缠身，经常是信心满满，却以失望告终。

我走进洗手间，例行公事般地测试，腰又开始痛了，看来是站久了，腰又开始抗议了，又或者"好亲戚"又要来问候我了……我真不想再次打击自己。但换个角度想，确认一下就能没有顾虑地工作了，手机日历上还有那么多密密麻麻的行程安排等着我去完成呢！

两分钟后，两条几乎一样深的线让我有点质疑验孕试纸是不是过期了——"我中啦！"

沙发上，W先生跳了起来，"啊！真的！真的！真的？"他脸都红了，这是他心理激动的一贯表现方式。他说话也开始了复读机模式："啊！真的！真的！真的？"

"应该是吧，我也没经验呀！" 被他这么一问，我手足无措了。

W先生狠狠地在我脸上亲了一下："哈，我要做爸爸啦！"这个在奔四路上极速前进的急性子男人像个二十岁出头的男孩，突然冒出了这么傻呵呵的一句。算算日子，今天离"亲戚到访"还有两天。

【来自 Audrey 的贴士】

HCG 小知识：

不同的早早孕试纸测试的结果也有所不同。两天后，我又测试了一次，品牌不同，第一根线简直淡得让我想哭。直到在医院检查确认后，我才放心。通常情况下，如果第一根测试线毫无反应，那么说明你要继续努力了。如果第一根测试线显色，那么只能说明你有可能晋升为准妈妈哦，因为女性可能会因为其他原因 HCG 值升高而测试成阳性。而生理上的腰疼，或者是少量的出血也是初怀孕时比较正常的现象，如果你正在期待这个小生命的到来，尽量避免在确认前服药哦！

【来自汝医生的答复】

什么是 HCG 值？

HCG 是人绒毛膜促性腺激素的简称，是形成胎盘的滋养层细胞分泌的一种糖蛋白，由 α 和 β 两个亚单位构成。HCG 在受精后就进入母血并快速增殖，所以血液和尿液中都会检测出 HCG。尿液早孕试纸的检测正确率大约为 75%（依产品而定）。如果需要加以确认，可以在尿液检查呈阳性后去医院抽血进行 β-HCG 定量化验。如果激素水平低，测试板阳性线颜色就偏浅。做尿妊娠试验的时间，最好选择在月经过期 3 天之后。

如何判断 HCG 值是否正常？

如果胚胎发育良好，HCG 在血清里增长的速度是非常快的，约 2 天左右就能增加一倍；至妊娠 8～10 周，血清浓度达最高峰。所以如果随访血液 β-HCG 动态加倍，应该是个好现象。

HCG 值偏低的原因有哪些？

HCG 偏低往往和滋养叶细胞发育不佳（包括异位妊娠），或者实际受精时间较短有关。所以遇到这种情况，可以每两三天复查随访 β-HCG。如果动态加倍增长良好，同时孕酮水平处于正常范围，则姑且认为正常。可以在月经过期 3 周左右（停经 7 周）进行 B 超检查，以便了解胚胎发育情况。

如果出现出血该怎么办，是不是必须马上看医生呢？

这个时候很重要的是有没有腹痛，出血量多不多？如果有，则建议及早就医抽血化验，必要时进行 B 超检查（经阴道超声并不会增加流产的风险，反而因为其高分辨率，可以及早发现原始胚胎心管搏动以及异位妊娠病灶）。如果仅仅是点滴褐色见红，可以休息观察，门诊随访，不一定急于就诊。

发现怀孕后接下来还有哪些主要的程序？

在和睦家进行第一次检查的时候，我就收到了这样一本小册子——和谐妈家妈妈幸福手册，温暖的名字能立刻融化准妈妈的心，而这其中的孕产日历更是帮了我的大忙。

My Pregnancy Calendar 我的孕程

Week 1
Egg sac forms
卵泡形成

Week 2
Conception
排卵受精

Week 3
Embryo attaches to womb
着床

Week 4
You're pregnant!
确定怀孕

Week 9
Fetal period begins
进入胎儿期

Week 10

Week 11
Heartbeat audible
听到胎心

Week 12
Placenta forms
胎盘形成
Blood test, ultrasound
产检:血液,B超检查
1st trimester screening for Down's syndrome
早期唐氏综合症筛查

Week 17
Fingernails and toenails form
长出指甲

Week 18
Alveolar sacs form
肺泡形成

Week 19
Fetus starts secreting gastric juices
胎儿分泌胃液

Week 20
Fetus starts moving noticeably
感到胎动

Routine checkup, ultrasound
产检:常规检查,B超

Week 25
Brain is fully developed
脑部完全发育

Week 26

Week 27

Week 28
Start attending prenatal classes
开始参加产前课程

Routine checkup
产检:常规检查

Week 33
Fundus descends
子宫开始下降

Week 34
Check for prenatal depression
提防产前抑郁

Routine checkup
产检:常规检查

Week 35

Week 36
Circulation, breathing, digestion, genitalia mature
胎儿循环,呼吸消化及性器官功能成熟
Routine checkup
产检:常规检查

Week 5
Fetal sac forms
看到胎囊

Week 6
Heartbeat detectable
看到心跳

Week 7
Early signs of pregnancy
早孕反应

Week 8
Limbs form
四肢发育完成

Ultrasound
产检：B超检查

Week 13

Week 14
Hair and eyebrows form
长出头发与眉毛

Week 15
Internal organs mature
器官机能成熟

Week 16
Hearing develops
听觉形成

2nd trimester screening for Down's syndrome
中期唐氏综合症筛查

Week 21
Tongue forms
舌头形成

Week 22

Week 23
Skeleton is fully formed
骨骼组织形成

Week 24
Fetus moves frequently
胎动频繁

Blood sugar screening
产检：血糖筛查

Week 29

Week 30
Fetus can hear sound
胎儿能听到声音

Routine checkup
产检：常规检查

Week 31
Fetal position stabilizes
胎位大致固定

Week 32
Routine checkup, ultrasound
产检：常规检查,B超

Week 37
Fetus can survive independently
胎儿可以独立生存

Routine checkup, ultrasound
产检：常规检查/B超

Week 38
Head descends
胎头下降

Routine checkup
产检：常规检查

Week 39
Fetal body hair disappears
胎毛完全消失

Routine checkup
产检：常规检查

Week 40
Baby's coming soon!
准备出生啦!

Routine checkup
产检：常规检查

2014 年 4 月 28 日
哪位科学家能发明个孕妇筷子

"恭喜你哦！两条杠哦！中队长啦！"岳阳医院的检验科医生比我还激动，我都能看见她身后那对天使的翅膀了。哈！这可是来自医生的官方认证哦！

接着，妇产科的王采文医生如同一个"日历婆婆"一样开始计算我肚子里的这个小人人多大了。

"从你末次月经的第一天开始计算，现在应该已经一个多月了，36 天。"医生的计算方法和我打的小算盘似乎有点不一样，这成了孕期的第一课，"别再不专业地认为小朋友的大小是从你努力的日子开始算起的哦。"

"你的 HCG 指标 1641，在正常的范围内，接下来你将要隔天抽一次血，我会通过数据判断你的胎儿是否健康生长。一般像你这样呢，HCG 到了 60000 就可以安排第一次 B 超，看小宝宝是不是着床正常，是不是有胎芽、胎心了。放松点吧，心情开朗很重要。"

医生的最后一句话没有任何缓解作用，反而让我更紧张了，原来还有这么多的不确定性，我一下子特别佩服那些 12 周才做第一次检查的准妈妈们。一辈子的操心就这样开始了，接下来还有三十几周孕期，这仅仅只是一个开始。

每个孕妇在怀孕初期的关注点似乎都不太一样，作为一个吃货，我的第一个关注点自然是饮食。这两周，我并没有什么孕吐反应，但却恨不得每次吃饭前都查一查那些菜适不适合孕妇吃。有时，我甚至有些歇斯底里，想着：要是哪一位好心的科学家发明个"孕妇筷子"就好了——适合吃的亮绿灯，不适合吃的亮红灯。

在与几位医生朋友交流后，我才发现，中医和西医关于孕期饮食的理论有很大不同。中医讲究食补，所以会以温热、寒凉来给食物定性。于是，食物被分成了宜食用和不宜食用。而西医则讲究数据分析，食物分为能吃的和不能吃的。

西医比较简单直接：孕妇只能吃熟的东西，像刺身、寿司，甚至是七分熟的牛排都是禁忌，原因是容易有弓形虫，导致滑胎或者胎儿畸形。而中医看似有些抽象的界定其实也有具象的一面：辛辣的食物吃多了容易引起孕妇便秘，所谓的温性食物则更适合孕妇。

所以，我总结出的原则就是：生的，或者半生不熟的一定不吃。其他的，则是在讲究营养平衡、量少多餐的同时，适量地多吃对胎儿生长有益的食物。

【来自 Audrey 的贴士】
阅读孕产图书，要少而精

身边不少年轻妈妈都提醒过我，不要看太多网上的各种孕妇经历，因为大多数孕妇在怀孕初期心理变化较大，会把别人的经历假设在自己的身上。多思多虑，对孕妇并没有什么好处。了解孕产知识的最佳办法是选择一些妇产科专家的著作，而且不必太多，特别是对于那些孕初期还要正常上班的准妈妈，选择两三本比较权威的孕产图书就可以了。我比较推荐的是《西尔斯怀孕百科》，它的作者是西尔斯博士夫妇和美国著名妇产科专家霍尔特，他们既是孕产领域的专家，也有孕产和育儿的经验，所以对每一个阶段的孕妇的不同反应，他们都有非常细致的指导。

孕初期，如果你选择在家里休息一段时间的话，也可以选择一些喜剧或者轻松的电影来放松心情，当然一些科普类的纪录片也是不错的选择，例如《子宫日记》。如果你是一位女强人型的准妈妈，每天都有许多的工作安排，没有时间看书，那就在手机上下载一个APP，它会比较精确地告诉你每个阶段孕妇的普遍妊娠反应。

【来自营养师 Corrine 的建议】
孕前期该怎么吃

孕前期胚胎生长速度较缓慢，所需营养与孕前没有太大差别，注意食物的多样化选择，每天的食物中必须包括主食、蔬菜水果、鱼蛋肉禽豆制品（蛋白质）和奶制品这四大类食物。孕前期体内绒毛膜促使性腺激素分泌量明显增加，而使胃酸显著减少，消化酶的活性降低，从而产生孕吐现象。孕吐反应多发生在清晨空腹时，干淀粉类食物可减轻呕吐，如烤面包干、馒头、苏打饼干等食品。补充水分也非常重要，果汁或加入少许盐分的饮料对缓解孕吐很有帮助。如果孕吐非常严重，可补充维生素B，或在医生的指导下静脉注射葡萄糖。

为了避免胎儿神经管畸形，在计划妊娠时就要开始补充叶酸，剂量为每天400～600ug。

缓解孕吐的饮品
柠檬姜汁
姜一片，一勺蜂蜜，挤入半个柠檬的汁，倒入150毫升开水，调匀即可。

鲜橙柚子汁
一个鲜橙去皮，1/3个柚子去皮，放入搅拌机榨出果汁，挤入柠檬汁，盛入杯中即可。

西瓜柳橙汁
200克去籽西瓜，一个柳橙去皮，放入榨汁机，榨出果汁，盛入杯中即可。

2014年5月14日
孕了更觉妈伟大

这两周真是度日如年！三个大问题困扰着我，首先便是孕吐。

以前常听说孕妇有个"雷达鼻"，我一直都很不理解，现在终于明白了，就是对什么气味都特别的敏感。以往最爱的淡香水现在变成了鼻子的"死敌"，被放得远远的，家里的香薰烛台统统收进了抽屉，更不用提烧菜的味道了。妈妈费尽心思在厨房烧菜，我却一点也提不起兴致，每次都要把门关上，还没吃饭就一次次地跑厕所，这对一个吃货来说真是心碎般的煎熬。

我现在能接受的也许只有醋和柠檬的味道了。好在上海的黄梅季快到了，半生不熟的杨梅成了我的救命稻草。W先生和妈妈好奇地尝了一颗，酸得差点没把头给摇折了，看着还真有点可笑。

第二个问题则让我变成了一个成天看天花板的稻草人。前几天的一次小小的出血让我直起鸡皮疙瘩，担心是不是肚子里的小朋友不喜欢我了，要搬家了，赶紧去医院挂了急诊。"见多识广"的医生自然比我淡定多了，看了看出血的颜色，安慰我说："没事的，放松些，别紧张，许多女性在怀孕初期都有这样的反应。美国的一项调查显示，25%的女性在孕早期都会出血或者产生褐色分泌物，这有可能是着床时子宫里一些小血管的出血，也有可能是子宫壁的褶皱里积存的一些分泌物，就好像你种树之前要翻翻土，小树苗长大了根部的土会有松动是一样的道理。"

医生的这番解释真是通俗易懂，让我觉得似乎没那么严重了。

"可我接下来该怎么办呢？"我锲而不舍地追问"治疗"的方法。

"你的各项检查指标都是正常的，所以不会有太大的问题，在孕早期，如果发现这种情况，就尽量平躺，这样更多的血液可以流向你的子宫，帮助缓解出血的情况。"就这样，我开始闭关休养了。

第三个问题真是让我哭笑不得，我得了"痒痒病"。身体的巨大变化使得我突然非常缺水，喝水的频率高了许多，皮肤却越来越干。我猜想着我的身体是一部高智能的机器，自动将尽可能多的水分供给子宫，为小朋友营造一个最好的环境，结果是我自己的水不够了，皮肤越发地干痒了。已经当妈妈的朋友们告诉我，皮肤干痒的时候，轻轻地拍打比挠来得管用，而且也不会伤到皮肤，也可以用冷毛巾敷一下痒的地方。这些方法的确挺管用的。

这三个问题或许只是孕期反应的开始吧，想着肚子里只有绿豆大小的小朋友，我觉得前面的路好漫长，不过好在有一群已经当妈妈的小伙伴经常和我聊天，给我出主意，心情也会舒畅一些。但愿接下来的问题不会太棘手吧。

早餐

水果蜂蜜麦片粥
原料：桂格麦片 30 克，奶油 20 克，牛奶 20 克，苹果 1/4 个，香蕉 1/2 根，草莓 1 个（用于装饰），蓝莓 2 个（用于装饰），蜂蜜 2 克。
做法：将牛奶、奶油拌入燕麦粥中，浸泡 1 个晚上，第二天取出；将苹果刨丝，香蕉切片，均匀拌入。之后装入玻璃杯中，上面放草莓和蓝莓装饰，最后淋上蜂蜜。

汤

藜麦菠菜蹄花汤
原料：蹄膀肉半只，菠菜 20 克，藜麦 10 克，鸡汤。
做法：1. 蹄膀放入水中煮，去除血水，然后除去猪毛和骨头，切成小块。2. 藜麦在开水中煮成白色，冷水冲凉备用。3. 鸡汤用盐和胡椒粉调味，加入蹄膀肉和藜麦，加盖上汽蒸 50 分钟出锅。4. 菠菜开水中煮熟后，放入蒸好的汤中。

奶油菠菜鳕鱼汤
原料：菠菜 15 克，鳕鱼片 2 片，奶油 8 克。
做法：1. 菠菜叶飞水后冲凉，搅拌机里加水，将菠菜叶打成泥备用；鳕鱼用盐和蛋清上浆。2. 水烧开，上好浆的鳕鱼飞水后备用。3. 鸡汤中加盐和胡椒粉调味，再加入菠菜泥、鳕鱼，淋上奶油即可。

冷菜

黄瓜茼蒿萝卜拌芝麻酱
原料：茼蒿菜50克，黄瓜20克，
白萝卜15克，芝麻酱10克。
做法：1.茼蒿菜去梗；白萝卜去皮
切丝，用盐略腌制一下后加入开水
中飞水，用冷水冲凉备用。2.黄瓜
切片，加入茼蒿、白萝卜丝，用盐
和芝麻酱凉拌，淋上麻油即可。

凉拌猪肝苋菜金针菇
原料：猪肝60克，苋菜30克，金
针菇15克。
做法：1.水烧开加入黄酒，猪肝飞
水后，再用冷水冲洗，洗去猪肝的
血水。2.苋菜、金针菇飞水冲凉备
用，用盐和鸡粉凉拌，淋上麻油即可。

热菜

鲜贝火腿虾皮炖蛋
原料：鸡蛋2枚，鲜贝4片，火腿
3片，虾皮5克。
做法：1.火腿切片，和鲜贝飞水。
2.鸡蛋加入盐、温水打匀，加入鲜贝、
火腿，上面撒上虾皮，加盖上汽蒸
20分钟，出锅淋上麻油即可。

秋葵番茄鸡蛋饼
原料：秋葵 50 克，番茄 20 克，鸡蛋 4 枚。
做法：1. 秋葵和番茄切粒，飞水备用。2. 鸡蛋加入盐，和秋葵、番茄搅拌均匀。3. 锅里加油，放入所有原料，煎制两面金黄即可。

芦笋马蹄核桃炒虾仁
原料：青虾仁 80 克，芦笋 30 克，马蹄 20 克，核桃仁 15 克。
做法：1. 芦笋切段，马蹄一切为二，与核桃仁一起飞水（水中加盐）。2. 青虾仁用盐、蛋清、生粉上浆后，滑油断生，然后加入其他原料，用盐、鸡粉调味。3. 翻炒入味，勾芡，出锅淋上麻油即可。

咖喱鳜鱼烩豆腐
原料：豆腐 150 克，鳜鱼 50 克，咖喱粉 10 克，葱花 5 克，鸡汤。
做法：1. 鳜鱼杀净去皮去骨，鱼肉改刀成小块，用盐、蛋清、生粉上浆后滑油断生。2. 豆腐切小块加入盐，用开水浸泡。3. 锅里加入鸡汤，用盐、鸡粉、白胡椒粉、咖喱粉调味。4. 加入豆腐和鱼肉，煮入味后勾芡，出锅撒上葱花即可。

【来自 Audrey 的贴士】
别让你的肌肤因为怀孕而衰老

针对皮肤干燥的问题，我开始询问身边的妈妈们有什么解决办法。最有效，最健康，也是最实惠的是凡士林，许多品牌的身体乳其实都有这个成分，但因为不是针对孕妇设计的，所以不少品牌加入了玫瑰、薰衣草等一些花草成分，这可能会引起皮肤过敏，所以单一的凡士林乳液可能更安全。

如果干痒很严重，又不喜欢油油的身体乳，可以试试娇韵诗的身体乳液。涂完之后很补水，而且还凉凉的，特别是在夏天，它可以缓解孕妇燥热的体感，关键是它的成分非常安全。

其实脸部的保养是最头疼的。因为适合孕妇的护肤品实在不太多。姐姐去日本为我带来了一个非常靠谱的神器——豆乳霜面膜。打开瓶盖一闻，真的有一种豆腐花加牛奶的香气。因为它的主要成分是大豆提取物，所以对孕妇来说既安全又柔和。轻轻地在脸上抹一层，15分钟后洗去，皮肤的弹性和保湿度立马不一样了，真是要加特效的节奏了。眼霜最好也能用天然成分萃取的产品，避免使用一些容易引起皮肤过敏的花草或者是海洋生物提取精华，或者是含有A酸、A醇成分的护肤品，尽量少使用唇膏，不要蒸桑拿和染发、烫发等。

孕初期孕妇还有哪些比较常见的身体反应？

妊娠初期常见的不适反应包括恶心、乏力、腹胀和便秘等，有时候也会出现下腹隐痛和少量阴道出血。

如果便秘了该怎么办？

孕期便秘的成因，主要是因为妊娠以后卵巢以及之后形成的胎盘分泌了大量孕激素，使得胃肠道平滑肌力量减弱、肠蠕动变慢，所以消化后的食物残渣在大肠停留的时间变长，因残渣中水分被肠壁吸收而使粪便变得干硬，加之腹壁肌肉松弛而使腹压不足。因此只要妊娠没有结束，排便不畅就可能持续，甚至会不断加重。应对便秘的方法有：养成好的排便习惯，争取每天定时排便，即使无便意也应尝试定时如厕。饮食方面可以尝试吃些富含粗纤维的水果和绿叶蔬菜，比如香蕉、紫薯、南瓜、芹菜等；酸奶和适量的蜂蜜也会有帮助。规律的作息、饮食时间和适度的活动，如步行、瑜伽、游泳等也能起到一定的辅助作用。如果出现顽固的便秘，可以在医生指导下使用大便软化药物和缓泻剂等。

如何缓解孕妇孕初期心理上的紧张？

怀孕是女性一生中至关重要的过程，对于第一次生育的准妈妈，由于缺乏经验和相关知识，加上生理、心理的变化，产生紧张、焦虑的情绪是很正常的。从医生观点来看，绝大部分准妈妈要树立"怀孕、生育是生理过程而不是生病过程"的理念。异常情况总是小概率事件。信息缺乏是紧张的重要原因，这个时候准妈妈可以向有经验的长辈、朋友请教，向医生咨询，购买比较权威的图书、DVD作为参考，或者通过网络寻求帮助——但是请切记，网络内容纷繁复杂，良莠不齐，不能过于迷信。有不明白的地方，务必在产检时带着问题咨询医生。如果有条件的话，参加产前课程也是个好主意。家人的理解和支持是缓解紧张的重要方法，尤其是准爸爸，更加需要耐心，并掌握沟通的技巧。有趣的是，在和小夫妻交谈中，我们发现准妈妈相对比较感性，所以准爸爸的错误信息率似乎小于准妈妈，所以有疑惑时不妨和自己的先生多多交流。做有兴趣的事情会分散注意力，缓解紧张情绪，比如听音乐、看电影、旅游都是不错的选择。对于存在合并症的产妇（高血压、糖尿病、甲状腺功能异常以及慢性心、肝、肾疾病），一定要由专业的医生来全面评估，排除和控制可能带来的不良影响。

维生素 B 真的能缓解孕吐吗？

一般在怀孕后的第 6 周，多数孕妇会出现不同程度的食欲下降、恶心等表现，有时候在清晨起床后出现空腹时吐，大部分情况下这些不适会持续到第 12 周左右，然后逐步自行缓解，所以可以把孕吐看作是一个生理性的过程。真正顽固、剧烈的呕吐仅占 1% 左右，可能与 HCG 的升高和精神状态的平衡失调有关。应对的方法是：少吃多餐，适时补充水分，避免脱水，避免长时间空腹；选择清淡的食物，尽量不吃太咸、油腻或有特殊气味的食物；面包以及苏打饼干等可缓解孕吐的不适；保持室内空气清新，经常开窗透气，少去

有异味的地方；少吃或不吃冰冷、不易消化的食物；适当减少运动量和工作量，保证充分的休息等等。至于药物，维生素B6对症状缓解有一定帮助。如果症状严重，是可以使用药物来缓解的[目前美国药品与食品管理局(FDA)已经批准数种药物用于治疗妊娠剧吐和其他妊娠反应，安全性是可以信任的]。需要理解的是，治疗的目的在于缓解症状，避免进入恶性循环，而不是彻底消除症状。

孕妇多喝水是不是就能缓解皮肤干燥的情况呢？
说到水，请记住不要到了口渴才喝水"! 这对于准妈妈来说是非常重要的。首先，足够的水摄入会帮助准妈妈维持一个正常的血液容量，有了水量丰沛的"大运河"，就能及时把营养带给孩子，把代谢废物运送出来。如果你饮用足够的水，你的尿液就会保持较低的浓度和足够的量，从而减少尿路感染的风险——这在孕期尤为重要。水还可以改善便秘，并有助于防止痔疮。而且，喝足够的水能防止脱水，这在怀孕第三阶段尤为重要，因为脱水能引起宫缩，导致早产。当然对于缓解皮肤干燥也有相当的好处，也可以配合使用保湿润肤露。

喝多少水才够呢？
每天至少应喝6～8杯200～250ml的水(大约1500ml左右，相当于大瓶矿泉水的容量)。另外，每做一个小时的轻微运动就要多喝一杯。果汁也可记入你摄入的水分之中，但是里面可能有较高的糖分，故需要适量。准妈妈应该尽量远离含有咖啡因的饮料，如咖啡、可乐和茶。一方面咖啡因可能对胎儿的发育带来不利影响，另一方面这些饮料大多有利尿的作用，会使你的尿液增加，从而丢失水分。如果你只是不喜欢白开水的味道，可在水中放一片柠檬以改善口感。

孕妇是否必须在整个孕期里补充DHA？
现在越来越多的准妈妈在寻求补充DHA，可是绝大多数人连DHA是什么也搞不清。我的观点是，DHA对于对胎婴儿智力和视力发育的好处是经过验证的，但并非决定性的，只有均衡饮食，并同时补充ARA、牛磺酸、锌等营养元素才能真正达到目的。再好的DHA，其重要性不会超过"DNA"和合适的教育。DHA产品的选择和使用时间是有讲究的。世界卫生组织提出：凡是给孕产妇和婴幼儿补充DHA的制品，DHA和EPA的比例最好是大于或等于4：1。要选择瓶贴上写有DHA乙酯字样的产品，因为这样的DHA是用分子蒸馏设备，采用先进的分子蒸馏方法提取的，它可以使原来鱼油中的汞、砷、铅等重金属都沉淀在废弃液中，使产品的杂质、重金属含量更少甚至没有。最好不要选择那些所谓的纯天然鱼油制品。开始服用的时间大致在唐氏综合征筛查完成后，也就是14～16周左右。营养均衡的人群没有必要大量补充DHA，过量可能会适得其反。事实上，日常的饮食中也有机会补充足够的DHA，比如三文鱼、吞拿鱼、沙丁鱼和鸡蛋等。这样，妈妈们在未来哺乳时，乳汁内的DHA含量也高。

2014年5月21日
我们和小朋友的第一次"见面"

黑黑的B超检查室里，我平躺在床上，这个带着眼镜的医生一脸严肃，让我有点紧张。

"几周啦？"
"8周了。"我答道。
"哦。今天是你们第一次见面哦！"

她笑了，让我放松了不少，心里傻傻地念叨着：美丑不重要，一定要健健康康哦。我头顶上这个黑黑的屏幕看见的全是模糊的影子，与其说是胎儿，不如说是个长着尾巴的小蝌蚪。我甚至分不清楚头在哪儿。

"前位，胎囊、胎芽、胎心都正常。"

这么简简单单的几个字几乎成了我人生中最重要的一张考试成绩单。

"小朋友都好吗？"我连高考都没那么紧张过，不由自主地又问了医生一遍。

"目前的情况都正常。看，这是头，这是心脏。"医生的仪器在我的肚子上扫来扫去。

说实话，我和W先生起初都没有怎么看懂这个模糊的影子，跟着医生的指示才稍稍有些明白。那一刻，我的心是安定的，小朋友安安静静地生活在他的"小房子"里，看上去很舒适。

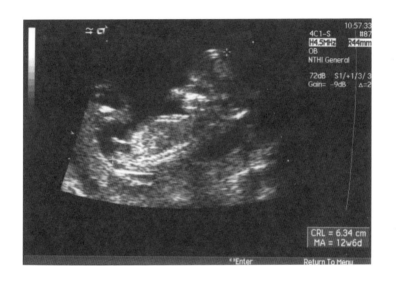

W 先生做事一向很有规划，在我怀孕前就有了购买家庭医疗保险的计划，使得我们不用在上海这样人口极速增长的城市里为了孕期的检查而排上好几个小时的队。在和睦家，医生和护士都笑脸盈盈、慢条斯理的，让孕妇的心情很放松。检查时，孕妇能同步看到 B 超的内容并且留下照片，这对我们来说，是极其珍贵的记录。

检查完毕，我们来到汝医生的房间，我摸了摸肚子，很小心地坐了下来。

"情况不错哦！"他看着检查结果说。

"可是我呕吐很厉害，有时甚至会明显感觉到小腹在震，不会震到他吗？"这一周来我吃什么都吐，每次都胆战心惊，困扰我一个星期的问题终于要得到解决了。

"不会，放心吧。它现在就像是一条小鱼，装在都是水的袋子里。假设你去碰这个袋子，环绕着他的水会保护他，他是不会受伤的。更何况你的子宫可没有袋子那么薄，他在里面可舒服了呢。"汝医生的表情挺逗的，感觉他在模仿小朋友惬意的表情。我每次见到这位医生，都能被他略带卡通色彩的解释逗乐。

"我太太都不怎么吃东西，而且还常常吐得很厉害，前几天连喝水都吐，孩子的营养没问题吗？"W 先生接棒开始了第二轮的提问。

"小宝宝都很聪明的，他会按照他的需求从妈妈那里获取养分。孕早期，即使妈妈吃得再少，她本身母体的营养还是会供给胎儿的，不用太紧张。其实，我们现在生活条件好，摄取的食物营养价值都很高，在孕中期和后期反而应当控制饮食，这样妈妈和宝宝都会比较健康，生产时的负担也会比较小。"汝医生显然已经开始在布置接下来的"作业"了。

【来自汝医生的答复】

什么是胎囊、胎芽、胎心？B超检查如果没有胎囊或者胎心是不是就是坏消息？

胎囊 (Foetal Sac)，也叫孕囊，是怀孕最初胚胎的形态。胎囊只在怀孕早期能见到。举例来说，月经周期约 30 天规则来潮的妇女，月经推迟了 5 天，相当于停经 35 天，B超就可以在宫腔内看到含有液体的结构——胎囊，有时可以见到突向囊腔的小小胚芽结构，这就进入了胚胎期。6 周时 B超胎囊清晰可见，并可能看见胎芽及原始心管搏动。7 周时，胚胎长到 13mm，已具有人的雏形，体节已全部分化，四肢分出，各系统进一步发育，B超可以清楚地看到胎芽及心管跳动。如果第一次 B超没有见到胚芽或者心管活动，可能是离实际受孕的时间太短，胚胎太小所以看不见；也可能是胚胎发育不好。这时只要推后一段时间再次复查 B超就能基本明确诊断。

一般几周可以进行第一次 B超检查？阴超是否比腹超更加准确，有风险吗？第一次 B超的结果如果不达标怎么办？

第一次 B超的时间选择可以这么来定：如果没有任何不适，可以在停经 7～8 周（相当于月经推迟 3～4 周）做，因为此时应该已经出现了胚胎和原始心管搏动；如果有腹痛、见红，需要排除宫外孕的，可以提早到 5～6 周。不过这样就需要在 2 周后另外复查一次。12 周之内的第一次超声检查可以核实实际孕周并确定预产期。今后无论宝宝发育如何，预产期不再更改。阴超比传统腹部 B超可以更早且更清晰地观察胚胎发育情况，不会伤害胚胎，不会增加流产风险，所以可以认为是安全的。

整个孕期一般有几次 B超，是否会影响胎儿的生长？

关于孕期超声检查，不同国家的准妈妈有不同的习惯。我个人推荐这样的安排：1. 停经 7～8 周第一次，明确胚胎是否有心跳并确定预产期。2. 停经 12～14 周测定 NT（胎儿颈项透明层），并进行唐氏综合征筛查。3. 19～23 周胎儿结构检查（大排畸）。4. 29～31 周，中期评估胎儿生长情况，了解胎位，排除胎盘位置异常。5. 38～39 周，估计宝宝体重，了解羊水是否充足。如果产检过程中发现异常情况则可以另行增加 B超检查。需要提醒的是，孕期 B超的安全性是毋庸置疑的。

2014年6月6日
你用心跳声和我问好

"咚咚咚!"一连串似乎有些急促的心跳声让我有点害怕。"这是小朋友的心跳吗?这么快?"

"是的,胎儿的心跳要比我们的心跳快很多,你的宝宝每分钟140跳,属于正常哦。再来听听你的心跳吧。看,是不是很不一样。"汝医生一边为我检查,一边解释着。

这是我第一次这么清晰地听到小朋友的心跳,它并不像记录片里的那些模拟出来心跳声那么清晰,伴随着一些像海潮一样的声音,还有些许回音。这声音让我觉得这个小生命是在一边漂浮着,一边向我问好。这是我们和他唯一的交流方式了,真的很美妙,很神奇。

"现在已经快10周了,这段时间我该注意些什么呢?"

"首先,季节交替,注意不要感冒,病毒会影响宝宝的发育。其次,每天的水果摄入量不能太多,有许多的妊娠糖尿病都是由于摄入过多糖分引起的,而孕妇在孕期又特别喜欢吃甜食,这样会导致宝宝出生的时候体重过高体型较大。每天保证一个拳头大小的水果摄入量,不能超标哦。"汝医生像是个小学老师在教一个调皮的小学生不要贪吃。

"好的!好的!"我和W先生都认真地听着,很用功很勤奋的样子。

"再过两周左右,你就可以做第二次B超了,也就是早期唐氏综合征筛查。如果你觉得身体状况还不错,也可以做一些运动,走路、游泳、瑜伽都可以。"

这两周来,除了孕吐,我的其他反应都有所缓解,看来是我的身体开始慢慢适应了。小朋友,你要乖乖地长大哦,我们一起加油!

【来自瑜伽老师 Kacia 的指导】
适合你的孕期运动

许多准妈妈都喜欢做孕妇瑜伽，我尝试了几次，觉得不错，特别是在 Kacia 的指导下，我懂得了在不同的阶段进行不同的瑜伽练习。Kacia 是上海半岛酒店的 SPA 主管，同时也是波兰非常有名的瑜伽教练，曾经练习瑜伽超过 12 年。她的这套动作对保持准妈妈在孕期的健康状态很有帮助。

Yoga during pregnancy.
孕期瑜伽

Being pregnant it is a blessed time for each woman. It is important to slow down, keep relax, keep happy and healthy. Yoga can help you to go through this very special time of your life with the best energy for you and for your baby!

孕育生命如同上天奖赏，让每一位女性为之雀跃。让自己忙碌的生活放慢节奏，松弛心情，并且保持愉快和健康是非常重要的。瑜伽能帮助你度过这个特殊的时期，让你的生活充满活力，同时也赋予你即将出生的宝宝全新的生命活力。

Who can practice: all women who are pregnant and would like to do exercise should ask doctor for approval, if there is no any medical concern all women can practice yoga. Women who never practiced yoga before but would like to start being pregnant are welcome to join special classes called "pre-natal" classes.

首先，在做孕期瑜伽前，我们要先明白，哪些人群适合做瑜伽。如果你的医生没有限制你孕期的行动，那么所有的准妈妈都可以参与孕期瑜伽的练习。我们甚至还有一种叫做"备孕"瑜伽的练习课程，适合那些正在备孕的女性练习。

Advise: Please always inform yoga or any other trainer about your pregnancy Practicing yoga is recommended after 14 weeks up to 35 weeks after 35 weeks only relaxing techniques.

在你做瑜伽之前，请先和你的教练交流一下，你的孕期和你的身体状况。

一般来说，我们建议孕妇瑜伽的时间是在孕 14 周到 35 周之间，而在 35 周以后，我们建议只做一些放松性的瑜伽动作。

Why yoga:
• Can energize your body
• relax your mind
• Improve the blood circulation
• Correct your posture
• Reduce your back pain
• Improve the quality of sleeping
• Improve your flexibility
• Help to keep fit
• Balance the hormones
• Can help you to feel better and more happy
• Give you more confidence
• Help to prepare your muscles for delivery
• Recover faster after pregnancy and delivery
• Calm your emotion down

那么，孕妇瑜伽有哪些好处呢？它可以帮助你放松身心，促进你的血液循环，纠正你的不良姿势，减轻孕期带来的背部疼痛，改善你的睡眠质量，调节你的协调性以及帮助保持良好的身材，帮助平衡荷尔蒙并让你保持良好的心理状态，让你更加自信，使你的肌肉得以伸展，并在产后尽快恢复身心状态。

Yoga tips for beginners:
• Find professional teacher with International certificates -recognized by Yoga organization.
• Practice only if you feel good
• Do not push yourself
• During the class if you feel tired or dizzy , inform teacher
• Wear sports and very comfortable cloths
• Eat light meal not longer than one and half hour before class
• Drink water during practicing
• Practice only with teacher not at home from CD or movie, you need professional teacher to guide, support and control your movements.

对于那些从来没有尝试过瑜伽或者孕妇瑜伽的准妈妈而言，必须选择具备国际认证资格的专业的瑜伽指导老师。因为他们知道你是否适合某些动作，不会施加太多的压力，当你在练习过程中觉得不舒服或者是头晕时，也可以向他们求助。练习时，请一定穿着舒适的运动服，并在练习前的 1 ～ 1.5 个小时内用一些简餐。在练习过程中补充水分是很有必要的，由于孕妇瑜伽的特殊性，请尽量避免在家中跟着 CD 或者是视频练习，最佳的选择是和专业的指导老师一起进行练习，他们能随时掌握你的身体状况。

推荐姿势一：Tadasana
•Exercise one called"Tadasana"——mountain pose.

•Stand straight with feet open apart as your hips distance; place your hands in front of your chest. Breathe normally. On the inhale raise your arms upward, keep your legs strong as much as possible. (Photo 1)
双脚与肩同宽站直，双手交叉平举，保持呼吸平稳。
吸气，同时手臂向上延伸，双腿感觉向下延生。（请参考图 1）

•Keep your legs very strong and straight and on inhale bend your back and arms as much as possible to the side. Keep this position for 10-15 second and on inhale bend your back to another side, keeping your arms up.(Photo 2)
保持双腿延伸的感觉，呼气。
再吸气，同时双手向右侧尽力延伸，并保持这个姿势 10 ～ 15 秒钟，并保持手臂用力向前拉伸。（请参考图 2）

* 建议左右边各进行 3 ～ 4 组。

•Benefits: This position is good to increase blood circulation in your upper body and increase energy. It is also very good stretching for your back.
这个姿势能有效的调节你的上身血液循环，并拉伸背部肌肉。

图 1

图 2

推荐动作二：Vrksasana
Exercise two called "Vrksasana"——Tree pose

•Sand straight with your feet together, on inhale place your right feet in the middle of your left thigh and breath normally for few seconds.
双腿与肩同宽站立，吸气，并将右脚置于左腿的大腿根部，呼气。

•on next inhale raise your arms upward and keep your hands together, keep your left leg strong. Stay in this pose for 10-15 second breathing normally through the nose.
随后，吸气，双手合十高举过头顶，并保持左腿单腿站立姿势。保持这个姿势 10～15 秒，并用鼻子呼吸，深呼吸数次。

•Repeat the same pose for the other side and leg. (Photo 1)
换一侧再来一次。（请参考图 1）

* 建议每组进行 3～4 遍。

Benefits:
•Improve the strength of legs, back, neck, arms
•Improve the blood circulation in the upper body and energy level
•Improve focusing
•Balancing body and mind
•Relaxing the mind

这个动作的益处在于可以同时拉伸腿部、背部、颈部、手臂的肌肉，加强你的血液循环，并促进能量提升；增强你的关注力，并且保持你的身体和意志力的平衡，放松身心。

* 如果是 25 周以后的孕妇，可以采取图 2 的手部姿势。

图 1

图 2

推荐动作三：Utthita - trikonasana
Exercise three called"Utthita - trikonasana"——Triangle position

•Stay with your feet together in the middle of the mat , then on inhale open your feet apart and keep the distance between your feet at around one meter.
双腿与肩同宽站立，吸气，并慢慢将双脚分开，保持 1 米左右的距离。

•Turn your right feet 90 degrees to the right side and left feet 45degrees to the right side. Keep your legs straight and very strong.
右脚保持 90 度，左脚保持 45 度。保持双腿拉伸的感受，呼气。

•Next on inhale bend your back to the right side and place your right hand just below your right knee and left arm raise up.
吸气，向右侧弯曲，并将右手慢慢置于膝盖，左手臂向上伸直。

• Keep your arm straight and breath normally staining in this position for around 15-20 seconds.
伸直左手臂，并保持平稳呼吸，同时保持这个姿势 15 到 20 秒。

• Taking inhale go back with your back and legs to the center.
最后，吸气并回到初始位置。

•Repeat all for left side.
同样的动作，左边再来一次。

* 建议每组进行 3 ～ 4 遍。

 Benefits:
•Improve the strength of legs, back, neck, arms
•Improve the blood circulation for the whole body
•Energizes body and mind
•Opening the chest bringing more oxygen to the lungs

这个动作的益处在于，同时拉伸腿部、背部、颈部、手臂的肌肉，加强血液循环，使你的身心充满能量，给你的身体提供更多的氧气。

* 如果是 25 周以后的孕妇，可以调整到图 2 的姿势

图 1   图 2

推荐动作四：Virabhadrasana II
Exercise four called "Virabhadrasana II "——Warrior pose

•Say with your feet together in the middle of the mat, then on inhale open your feet apart and keep the distance between your feet at around one meter.
双腿与肩同宽站立，吸气，并慢慢将双脚分开，保持距离 1 米左右。

•Turn your right feet 90 degrees to the right side and left feet 45 degrees to the right side.
右脚保持 90 度，左脚保持 45 度。保持双腿拉伸的感受，呼气。

• On inhale bend your right knee and keep 90 degrees angle between your calf and hamstring. In the same time keep starching your left leg.
吸气，并弯曲你的右膝，保持 90 度弯曲，同时，尽力拉伸你的左腿，呼气。

•Arms stretch to the sides. Keep this position for 10-15 second.
上身右转，吸气，举起双臂，尽力拉伸，并保持这个姿势 10 到 15 秒，呼气。

•Taking inhale go back with your back and legs to the center. Repeat all for left side.
吸气，并恢复到初始位置，换一边再来一次。

* 建议每组进行 3 ~ 4 遍。

 Benefits:
•Improve the strength of legs, back, arms
•Improve the blood circulation for the whole body
•Energizes body and mind
这个动作的益处是，同时拉伸腿部、背部、颈部、手臂的肌肉，加强血液循环，促进能量提升。

* 如果是 25 周以后的孕妇，可以调整到图 2 的姿势

图 1

图 2

2014 年 6 月 17 日
和小朋友一起拍摄

经过两个月的休整，我的身体慢慢适应了准妈妈的节奏，孕早期的一些腰疼、犯困、情绪起伏的现象现在都缓解了不少。我也开始恢复拍摄工作。这周和《臻选周末》的团队完成了喜达屋集团的酒店拍摄，小伙伴们都分外照顾我这个小腹稍稍有些隆起的主持人。

今天，我们去了上海的郊外——崇明岛。那里的空气很好，上海市区的雾霾对崇明岛也没有任何影响，称得上是离上海最近的世外桃源了，非常适合年轻的爸爸妈妈带着孩子来个周末游。酒店里的崇明本地菜也让我这个两个月来孕吐反应强烈的准妈妈来了兴致，黄金瓜清脆可口，红烧黑毛猪肉炖了四个小时后十分入味，总算让我开胃了。

崇明凯悦酒店是能带宠物入住的，因此，我们还迎来了一位小搭档——Small。它是一只非常可爱的泰迪，经常出镜的它不吵也不闹，非常配合。编导有些小担心，拍摄前还悄悄问我孕妇是否可以抱宠物或者和宠物接触。说实话，我也曾听说过孕妇的一些禁忌，其中有减少与动物接触的说法，但在查了一些资料后发现，其实宠物只要定期打疫苗，注意卫生，基本上不会有太大的影响，而通常弓形虫也只是在猫一类的动物排泄物中存在，所以并不需要太紧张。如果你是一直和宠物生活在一起，它们或许还能为你带来一些快乐，缓解孕期的紧张情绪。所以，只要不对动物毛发过敏，宠物和孕妇并不是"绝缘体"。

【来自汝医生的答复】

准妈妈可以旅行吗？坐飞机不要紧吧？

对于没有特殊情况的孕妇，第一胎在 34 周之前（原则上不同航空公司有不同要求，出行前最好咨询具体的航空公司。香港对于没有在港产检登记卡的放行限制是 28 周之前）旅行没有特殊限制。第二胎起最好由医生检查确认宫颈长度足够，母婴情况稳定，适合旅行，并出具旅行同意证明书。那么早期呢？如果有见红或下腹隐痛，建议先由医生检查排除宫外孕，然后根据情况决定是否出行。如果没有症状，可以按原计划出行，当然应该避免过于疲劳和紧张刺激的项目。作为参考意见，当月经推迟 3 周时大多可以通过 B 超确认胎心。如果胚胎存活，那么就比较安全，尤其是孕 12 周之后。

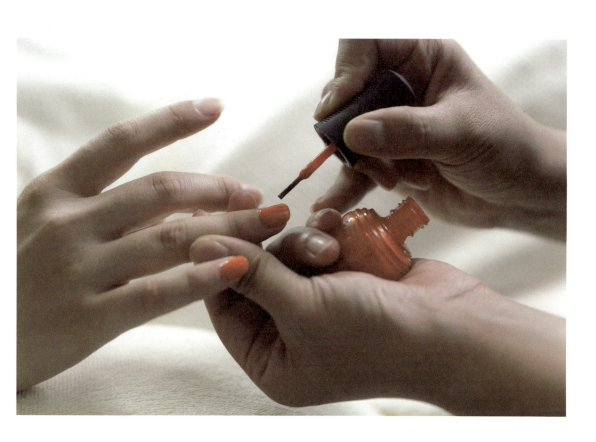

海外旅行时是否要带好病例?
除此之外，还应当注意些什么呢？准妈妈在海外旅行时，应该把医疗报告扫描后上传到电子邮箱或者存照在手机里，以便必要时提供给医生参考。在旅行过程中应该避免过于疲劳或紧张刺激。注意食品卫生，防止食物中毒。飞行过程中，应该首选可以舒展、活动下肢的位子，多喝水，以便稀释血液，并通过借上厕所排尿来增加起立活动，从而减少栓塞发生。

2014年6月27日
每次B超检查都像在考试

怀孕3个月,我恢复主持工作也有段日子了,今天请假去医院做检查。每逢检查日,我都很期待做B超,能亲眼看到这个小生命在慢慢地长大,我觉得非常兴奋和期待。

12周左右了,今天的主要内容是早期唐氏综合征筛查。

"小朋友长得不错哦,看,这是他的头、他的脚、他的手。"B超医生先是满足了一下我们夫妻俩的好奇心,像是展示一件产品一样,给我们介绍着宝宝的不同部位。

"看呀看呀,他动了!"
"哪里?哪里?"

"头那里呀,你没看见吗?现在,喔唷,又不动了!"屏幕在我的头上方,离我大约两三米的距离,他微微动一下都能让我和W先生兴奋得像个孩子。其实,他也就是在羊水里漂着动了一下,我自作多情地看作是他在展示他的成长。也罢,3个月了,我和他才见了两面,小小的幻想也是应该的。

"我们现在摇一摇他,让他给我们看看后脑勺吧。"医生还没等我答应,就开始摇晃我的肚子。

小朋友翻了个身,这让我和W先生惊讶得都不敢出声了。

"这里就是我们测试早期唐氏综合征的主要部位,当然,我们还会配合血液检查,然后做出判断。"医生在定格的照片上做了两个标记,还没等我们过完瘾,检查就结束了。

【来自汝医生的答复】

早期唐氏综合征的筛查时间怎么安排?
在怀孕头3个月内应该做B超确定实际孕周,在此基础上,于12～14周进行早期三体综合征筛查(这里面包括21三体的唐氏综合征和18三体的爱德华综合征),主要由B超颈项透明层厚度测定和抽血测定PAPPA水平,加上年龄、种族、体重等因素,给出一个预估危险值。

为什么早期唐氏综合征测试在正常范围内,还是会出现宝宝出生后患唐氏综合征的情况呢?早唐的漏诊率大约在5%～10%,也就是即便结果显示处于低危险范围,也没有办法确保百分百无误。

早期唐氏综合征为什么那么重要？

怎样的胎儿患病的风险比较大？ 通常如果宝宝的染色体存在异常，也就是遗传编码出现了问题，那么宝宝这个"产品"必然有缺陷。这就导致了大部分染色体异常的胎儿多走向自然凋亡，也就是流产。可是有一小部分的胎儿能够存活、出生和长大。但是他们的身体或心理往往存在重大缺陷，无法很好地适应正常生活。唐氏综合征就是这样一种疾病。唐氏患儿具有严重的智力障碍，生活很难自理，并伴有复杂的心血管疾病，终生无法治愈，会给家庭带来沉重的精神和经济负担。随着生育年龄推迟，唐氏综合征患儿的出生率有上升趋势。如果能够及早发现，就可以适时终止妊娠。

做完早唐测试还有中唐和晚唐测试吗？

错过早唐，可以在 14 ~ 20 周直接抽血，通过甲胎蛋白等指标也能给出一个危险预估值。 如果年龄超过 38 岁，且存在糖尿病等高危因素，或者经济宽裕，也可以采取无损伤 DNA 测定技术，也就是从母亲血液里面监测胎儿的 DNA 片段来筛查三体综合征。它的采血时间是 12 ~ 20 周。这个技术的准确率可达到 99% 以上。

唐氏综合征和父母的饮食或生活习惯有关吗？

首先孕妇的年龄越大，胎儿患唐氏综合征的风险越大，这是最大的问题。此外还存在着不可避免的遗传性因素。同时，环境污染、病毒感染、化学药物、放射性辐射、居室装修、吸烟酗酒等不良习惯，均会增加胎儿患唐氏综合征的风险。

【来自 Audrey 的贴士】
孕妈妈也可以喝咖啡哦！

休息了一个多月，刚上班的时候还有些不适应，孕吐时不时会来影响我的工作节奏，单位楼下的咖啡茶座也好像总在召唤我进去坐一坐。想想怀孕前，我可是每天两到三杯拿铁的节奏，现在还真是有些不适应。

为了解馋，我给医生发了邮件，询问是否有解决这个"瘾"的好办法。对于孕妇喝咖啡，汝医生并没有太多的反对。许多研究也指出，孕妇咖啡因的摄取量每天不超过 300 毫克就是安全的，也就是说一天不要超过一杯就可以了。像我这样一周才喝一小杯低因咖啡的准妈妈可以放心了。

如果你的"瘾"在于可乐这类的碳酸饮料，那还是最好戒掉，因为它们不仅含有咖啡因，而且糖分也很高，在孕期一定要少碰。我和很多朋友都用柠檬片加汽泡水来替代碳酸饮料，夏天的时候效果也还不错。

孕妇在孕期的体重控制是一项艰巨的任务，我的妈妈和婆婆都常常以"妈妈多吃就是宝宝多吃"的理论劝我多吃一些。事实上，宝宝对于营养的吸收是很"聪明"的，他并不会因为妈妈控制饮食而营养不良。反而是现在许多的胎儿营养过剩，造成出生时体重过高，或者妈妈得了妊娠糖尿病，产后体形恢复困难等。正常情况下，孕妇的体重控制在每月增长 2 公斤以内会比较理想。

2014年7月16日
原来这就是传说中的"小鱼吐泡泡"

今天中午在 SMG 食堂吃了杭椒小炒肉,下午便觉得小腹有一突一突的感觉,有点像书上说的"小鱼吐泡泡"的感觉。我有些不确定,猜测着或许是难得吃了一次辣味的菜,肠胃有些不适应了吧,真该到墙角去罚站,一时没忍住嘴馋,可别惊到了肚子里的小朋友。

晚上回到家,我像往常那样躺在床上看书,小腹又开始有一突一突的感觉了,这下我确定是他了!他已经成熟到可以给我"发电报"了。

这种感觉很奇怪,他震动的位置就在肚脐的下方,你在平躺的情况下甚至可以看到皮肤微弱的震动。我像是深夜里看到了萤火虫的小女孩,只用目光注视着他的变化,生怕说话声甚至是呼吸声会吓到他。过了一会儿,顽皮的小朋友游到"信号不太好"的地方去了,一突一突的感觉也减弱了。

"我感觉到他在动了!"我的兴奋里捎带了些歉意,向 W 先生汇报了小朋友的最新进展,有点延时。

"真的吗?让我感受感受!"
"不过,现在好像不动了。"

"什么,这么不给面子!" W 先生已经把我肚子里的小朋友当成了哥们儿。

"小朋友,你好,我是爸爸!" W 先生第一次开始和我们的孩子对话,在我看来有些奇怪,因为事实上,他就是在和我的肚子说话,不是么?

"我是爸爸,我是爸爸。"W 先生自动开启了复读机模式,一时之间接不上话了。
"我和你说说话吧,这样说不定你就兴奋了……我跟你讲讲我和妈妈是怎么认识的吧。我们和朋友一起吃饭,你的妈妈穿着一件粉色的连帽衫、牛仔裙,还梳着个马尾辫,背着个粉色的小包……"

我心想着,时间真是一把杀猪刀,都把当年的青葱少年剁成了妈了……

"爸爸的第一反应是,嗯,这女孩长的挺好看的。"我心里一欢喜。"就是腿有点粗……"

我恨不得捂住小朋友的耳朵:"停!不许说了!"

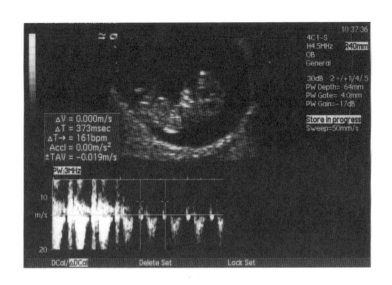

"他又动了！"小朋友又游回到了"信号满格"的区域。

我和 W 先生停止了对话，注视着那块神奇的"地带"。一突，又一突，这就是传说中的"小鱼吐泡泡"。

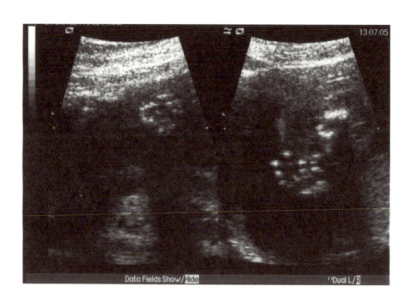

【来自 Audrey 的贴士】 😆

适当的运动加上精油护理，和妊娠纹说"别烦我"

四个月了，敏感的孕妇能感受到胎动了，有些像是小鱼在游泳，有些则像是在小鱼吐泡泡。这也标志着即将进入孕中期的你要开始每天保持规律的运动，以及对你日益隆起的小腹妥善护理。

对于孕妇而言，运动不宜太剧烈，每次运动前都要做一些热身，尽量每天散步半小时，如果有计步器的话大约 5000 ～ 7000 步。在天气炎热的时候，要避开冷热温差大的地方。你可以尝试游泳，因为水的浮力可以缓解你因为体重增加而带来的运动负担。如果是做瑜伽，一定要让你的教练知道你的孕周。

对于皮肤护理，四个月是皮肤的弹性开始经受考验的阶段，所以防止妊娠纹的乳液以及精油也是孕妇必备的。

pragnecare 和 clarins 是我尝试后觉得非常有效的两款家用产品。前者是膏状的，不容易残留在衣物上，后者则更容易吸收些。

当然，如果你可以在 SPA 中心做护理，同时再做一个美美的孕妇专属美甲，那就更棒了。

【来自汝医生的答复】

一般几周时孕妇能感觉到胎动？

第一次怀孕的妈妈第一次感觉到胎动可能会在 18～20 周左右时，第二胎起可能会早 1～2 周感觉到。刚开始的胎动若有若无，很难和肠蠕动区分开，有的人觉得像是蝴蝶在扇动翅膀，有的人觉得像小鱼撞击，会比较弱。慢慢地，胎儿发育越来越好，胎动变得越来越有劲，也越来越有规律了，不仅能感觉得到也能看得到。随着胎儿渐长，胎动于 30 和 32 周间最明显。

怎样计算胎动，一下就是一次胎动吗？

胎动的感知因人而异，不同妈妈的记录可能相差很多。从可操作性来讲，可以这样：每天早、中、晚饭前或饭后，最好选择相似时间和情形下进行胎动计数。每次记录 1 小时。在这 1 小时里，只要能感觉到胎动，也可以在室内走动、聊天。但要避免因注意力不集中而漏数了胎动次数。把 3 次计数的数值相加，再乘 4，就代表 12 小时的胎动数。如果计算出的 12 小时的胎动次数小于 30，应引起注意，要继续观察。如果小于 20 次，就要向医生咨询。一次胎动是指胎儿一次"连续的动作"，是一组，并不是踢一脚或打一拳就算一次胎动。事实上，单纯的胎动计数并不能反映胎儿的总体运动情况，有的胎儿可以很长时间处于安静状态，或运动幅度很小，孕妇不能清晰地感觉到。但是你总有一个大致的印象——宝宝每天的活动是怎么样的。如果胎动比起平时有大幅度的下降，比如 50%，那么一定要和医院联系，通过电子胎心监护（CTG）进一步监测，来判断宝宝的状态是否正常。

整个孕期中，胎动最频繁的时间是在什么时候？频率如何？

关于胎动的次数，不同的文献有不同的描述。在 20 周时，每日平均胎动的次数约为 200 次，在 32 周时则增加为 375 次，每日的胎动次数可能介于 100～700 之间。可见只有很少一部分可以被妈妈真实地感知到。

孕妇是否有必要买胎心仪在家自己监测呢？

原则上不反对准妈妈自己买胎心仪监测胎心。但是有几点仅供参考：

1. 如果找不到胎心，千万不要自我崩溃、嚎啕大哭。因为宝宝体位改变，会使得最容易听到胎心的位置发生改变，不妨加一点耦合剂，多改换几个点监听。

2. 如果胎心超过 160bpm（正常范围 110～160bpm）不要紧张，胎心会随着宝宝活动、妈妈进食而出现心率增高，但是大多过一会儿就会恢复正常。但是如果持续在 110bpm 以下或 160bpm 以上，则需要就诊。

3. 比起胎心，其实胎动随访的重要性远远超过直接监测胎心率。简而言之，某一天胎动比起平时的状态大幅度减少（比如一半吧），应该和医生联系，及时就诊，实施胎心监护。

怎样的孕妇不适宜做太多的运动？

孕期的运动一定是因人而异的。总体而言，值得推荐的是那些短时间里面对身体不会造成大的生理负荷的运动，比如游泳、步行、瑜伽和室内自行车等。对于普通孕妇，负重、跑步、登高爬楼梯之类，不值得推荐。对于有多次妊娠期出血的孕妇，以及反复出现早期宫缩、宫颈缩短，有不明原因的早产史的孕妇，进行运动时需要慎重。一旦出现较多宫缩、见红，务必及时就诊。

2

孕中期

2014 年 7 月 30 日
孕中期了，该吃些什么呢

由于孕吐严重，我在孕初期体重基本没有什么增加，反倒少了两斤。虽然心里有些愧疚，但医生说小朋友很健康，我也就放心了。一些孕妇读物中会有体重增长的指示，在怀孕的初、中、晚期，增重分别不超过 2 公斤、5 公斤、6 公斤。这也是根据胎儿在不同阶段的发育而定的。

随着胎儿身体各个机能的发育，他在孕中期所需要的营养和孕初期也稍有不同，饮食的重点在于高铁高钙、DHA 高的海产品。许多准妈妈都会服用维生素片剂，但片剂过量摄入有时也会适得其反，例如 DHA 摄入过多会使胎儿的头围过大，或者颅骨变硬，维生素服用过多也会有中毒的危险。所以，我一直都相信天然食材的营养。

【来自营养师 Corrine 的建议】

孕中期胎儿的生长开始加快，母体子宫、胎盘、乳房等也逐渐增大，所以孕中期需要注意补充充足的热能。孕中期血容量及红细胞迅速增加，并会持续到分娩前，准妈妈对铁的需求增加。动物肝脏、血、肉类、鱼类是富含铁质并且人体吸收率较高的食物。孕中期需要保证充足的鱼、禽、蛋、瘦肉和奶的摄入。

食谱举例：
早餐：面包 2 片（或相等分量的馒头、包子、花卷）＋鸡蛋 1 枚（煮蛋或煎蛋）＋牛奶 250 毫升（或酸奶一小盒）

加餐：坚果 1 把，或饼干 4 片，或苹果（或橙子）1 个

午餐：米饭 1 碗＋葱烤河鲫鱼一条＋清炒绿叶菜 1 份＋蕃茄炒蛋 1 份＋豆腐鱼头汤 1 份

加餐：酸奶 1 小盒或豆浆 1 杯

晚餐：米饭 1 碗＋炒虾仁 1 份＋芹菜豆腐干炒肉丝 1 份＋清炒（或蒜蓉）时令蔬菜 1 份＋胡萝卜土豆小排汤 1 份

加餐：水果 1 份

早餐

牛油果火腿煎蛋
牛油果 1 只，庄园火腿 50 克刨片，
鸡蛋 3 枚，混合色拉少许。
做法：1. 牛油果去壳切片备用，鸡
蛋 3 枚打散充分拌匀。2. 平底不粘
锅预热，放少许油，将鸡蛋倒入，
小火慢炒，撒上少许盐、胡椒，待
鸡蛋炒熟，表面放上牛油果片、火
腿片，出锅。3. 装盘，配少许色拉，
淋上橄榄油即可。

汤

红豆莲子木耳薏米鸡汤
原料：红豆 50 克，莲子 30 个，
黑木耳 30 片，薏米 50 克。
做法：1. 莲子、红豆和薏米用冷水泡
30 分钟，黑木耳用温水泡开。2. 所
有原料飞水后加入鸡汤，用盐、鸡粉、
胡椒粉调味，加盖上汽蒸 45 分钟。

慢炖牛肉薏米蘑菇浓汤
原料：牛脸肉 500 克，薏米 50 克，
红酒 1 瓶，蘑菇 100 克，洋葱 2 只，
胡萝卜 1 根，鸡汤 1000 克，黄油 50 克。
做法：1. 牛脸肉去筋切块，放入洋葱、
胡萝卜块，煮开转小火至牛肉酥烂，
过滤出牛肉，牛肉汤备用。2. 薏米
用水煮熟后沥干。3. 将蘑菇、洋葱
切片，用黄油炒透，加入前面的牛
肉汤煮开后小火 20 分钟。4. 将薏
米和牛肉放入牛肉汤中继续煮至入
味即可。

冷菜

金枪鱼土豆色拉
原料：罐头金枪鱼1听，小土豆3只，
白洋葱半只，番茄1只，刀豆6根，
白煮蛋1枚，油醋汁少许，绿叶混
合生菜100克。
做法：1.小土豆煮熟去皮备用，番茄
切块，刀豆余水过凉，洋葱切丝备用。
2.混合色拉菜装盘，将其他的所有原
料放入一个干净的盆里，撒上适量的
盐、胡椒、油醋汁拌匀，放在已装盘
的色拉上即可。3.最后放入金枪鱼和
鸡蛋，淋上少许油醋汁

海带萝卜拌银鱼
原料：海带20克，白萝卜80克，
银鱼30克，蒜片5克，姜片5克。
做法：1.白萝卜切丝，用盐略腌制
一下，与海带一起在飞水冲凉备用。
2.银鱼用葱、姜盐略腌一下，除去
腥味，在开水（加入黄酒）中飞水
断生即可冲凉。3.加入盐、鸡粉、
米醋、麻油一起凉拌。

热菜

红焖海参五花肉夹饼
原料：水发海参80克，五花肉
150克，夹饼2个。
做法：1.海参切丁，五花肉切丁，
锅里加油把五花肉炒香，加入酱油、
白糖、葱、姜、桂皮、八角香叶，
再加入水和海参小火烧制，汤汁烧
浓后，大火收汁。2.锅里去油，把
夹饼煎脆，中间切开。3.把烧好的
海参和五花肉塞入夹饼中。

番茄芹根烩牛肉

原料：牛肉 150 克，洋葱、胡萝卜、芹菜各 20 克，茄膏 10 克，番茄 1 个，芹根 1 个，意大利芹 5 克。

做法：1. 将牛肉切成 2cm×2cm 的块状，将切掉的边角料加入洋葱、胡萝卜、芹菜一起炒，炒至蔬菜酥烂之后，放入茄膏，炒至出现红油，加水慢火烩成牛肉底汤。2. 番茄切成角，芹根也切成小块状，汆水，冰水冷却；牛肉块煎至上色。3. 最后将上色的牛肉放入牛肉汤中，慢慢烩至酥烂，放入芹根。4. 装盘，拌入番茄角和意大利芹装饰。

甜豆百合胡萝卜烩山药

原料：甜豆 15 克，百合 3 克，胡萝卜 30 克，山药 80 克。

做法：1. 胡萝卜和山药切丁，和甜豆、百合在开水中飞水。2. 鸡汤用盐、鸡粉调味，加入所有原料一起煮入味后勾芡即可。

主食

鸡肉蔬菜吐司披萨

原料：鸡肉 30 克，白吐司 1 片，红、黄、绿椒各半个，车打芝士 2 片，蘑菇片 10 克。

做法：1. 将鸡肉煎熟，切丝待用。2. 各种甜椒切丝，蘑菇片炒熟。3. 将 1 片车打芝士放在吐司上，微烤一下，看到芝士柔软之后，将以上炒好、煎熟的原料放在面包上，再放上一片芝士，烤至软化，微金黄色即可。

主食

奶油鸡肉蘑菇西兰花烩意面
原料：奶油1罐，蘑菇100克，西兰花120克，鸡胸肉100克，意面150克，橄榄油少许，巴马臣芝士粉少许。
做法：1.鸡胸肉切丁，蘑菇切片，西兰花切小块余水备用。2.意面放入盐水中，煮7分钟后捞出沥干备用。3.平底锅放入少许橄榄油，将鸡丁炒至金黄色，放入蘑菇片炒熟，撒上盐、胡椒，倒入奶油，大火烧开，小火收汁。4.倒入煮好的意面，直至面熟，放入西兰花，装盘，撒上少许芝士粉即可。

甜品

牛奶芝麻布丁
原料：牛奶400毫升，奶油400毫升，鱼胶片6枚，黑芝麻400克，糖120克。
做法：1.用冷水将鱼胶片泡开，备用。2.粉碎芝麻和糖。3.所有原料混合煮至50℃，装碗即可。

桂花藕粉
原料：无糖西湖藕粉25克，细砂糖30克，温开水30毫升，干桂花3克，糯米小圆子20粒。
做法：1.糯米小圆子烧熟备用。2.藕粉加入温开水调均匀。3.将调均匀的藕粉浆均匀地倒入300毫升沸水中，搅拌均匀后倒入碗中。4.随后倒入烧熟的糯米圆子，撒入干桂花，如需加糖，可放入30克的细砂糖铺在成品表面。

2014 年 8 月 16 日
十个手指十个脚趾都长全了吗

W 先生的同学们大多都有孩子了，聚会时我们常听他们说一些带孩子的故事，有些还真是哭笑不得，这让我和 W 先生提前感受了"痛并快乐着的成长"。其中有一个故事是关于 D 爸和他的儿子的：D 爸在结婚后依然觉得自己还是个大男孩儿，即便是在他太太怀孕的时候，他也没觉得有什么变化。直到他儿子出生的那一刻，他一下子感觉到自己长大了，是一家之主。当年 D 爸抱着儿子做的第一件事，是数一数他是不是十个手指十个脚趾。他跟我们打趣说，"不管是多一根还是少一根都很吓人的，好吆！"

今天，我们预约了做大排畸，先生的第一反应就是要提前确认一下 D 爸当年做的事情。

我又来到了这个 B 超检查室，平躺下来。"你觉得这是最舒适的位置吗？我们今天会检查很久哦，大约 20 分钟左右。"医生说。

"那么久？"我有点开心，到目前为止，我每次看宝宝的时间不过两三分钟，这次简直是孕期大彩蛋。

"对啊，因为我们要检查胎儿的心肺功能、骨骼发育，看看有没有唇腭裂等，如果他的姿势不配合，很调皮，我们还要花更长的时间哦，所以你一定要躺舒服了才行。"医生帮我调整了姿势，开始了检查。

看来这检查远比我想像的要复杂。屏幕上出现了胎儿的影像，他长大了好多，鼻子、眼睛、嘴巴都很清楚了，不再是长着尾巴的小蝌蚪了，我甚至有用手去摸摸他的冲动。他的小肚子还一动一动的，像是在咽东西一样。屏幕上时不时会显示出红色的光斑，我猜想这是在显示胎儿的血液循环吧。我非常安静地享受着，观察着我肚子里的这个小生命的一举一动。跟我相反，W 先生有些紧张，生怕会有什么不妥。

医生一边检查着孩子的各个器官，一边介绍着："以现在的科技水平，B 超能检查到胎儿 75% 的情况，或许再过十年就能达到 100% 了吧。想想你们的妈妈怀孕的时候，只有一个小听筒，其他什么也没有。就今天的检查来看，你们的小朋友的各方面都正常，他很害羞哦，你看他跷着二郎腿都不让我们知道他是男孩还是女孩，只有下次检查再揭晓谜底喽。"

"那他的手指脚趾都长全了吗？"我和 W 先生犹如 D 爸附体，异口同声。

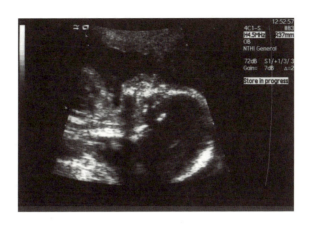

"都挺好的，你看，他捏着拳头，一共五个手指。"医生笑了笑，按了个切换按钮，我们看到了孩子的骨骼。

接着，医生照例给了我们胎儿的检查记录，这次的脸是侧面的，还能看见他在吐泡泡，这是他人生的第一张照片。

【来自汝医生的答复】

大排畸的时间是什么时候？
19～23周是大排畸的合适时间，国内更加倾向于在22～24周。反正不要太晚。

大排畸主要的检查内容有哪些？作用是什么？
大排畸的目的在于排除畸形和其他重大的解剖学异常，评估胎儿的发育状况。国际上对于超声检查，并不是要求所有畸形都能筛查出来，因为超声检查也不是万能的。主要的项目包括颜面（包括有无唇裂、腭裂、小颌畸形、鼻骨缺失等）、脑部（包括大脑、小脑、脑室、脉络丛等）、颅骨、颈项部、脊椎、心脏和大血管、腹腔脏器（排除脐部肠膨出、内脏外翻、肠道闭锁及巨结肠、肾积水、多囊肾等异常）、四肢等，同时可以检查胎盘附着位置、脐带结构和宫颈结构等是否正常。非医学需要的胎儿性别鉴定，在国内是被禁止的。

检查时有什么注意事项吗？
大排畸需要宝宝的配合。如果宝宝睡着了不肯活动，某些结构因为角度关系无法观察清楚，就可能要花上好几个小时。个人建议妈妈应约大排畸之前可以喝上一杯果汁，"贿赂"宝宝一下，让他多活动一下。

2014 年 9 月 1 日
开始囤货啦

通常在大排畸检查之后，准妈妈们就可以开始囤货买宝宝的用品了。作为一个超级喜欢小孩子的急性子准妈妈，我在两年前的英国培训时就买了不少宝宝的衣服，这也成为培训班日后聚会的一个笑话。不过我可不是盲目购买，而是有选择地在适当的季节囤最经济实惠的货。

在英国和美国都有许多不错的母婴产品连锁店，大多一站式可以购齐所有的母婴装备。在英国，圣诞季的打折是非常诱人的，再加上大多新生婴儿的衣服都只能穿一季甚至是更短的时间，所以我在 mothercare 的打折季开始后，囤了不少宝宝的衣服和哺乳用品。美国的购物网站为了吸引中国消费者，也开通了不少直送业务，比如像 diapers 和 carters 都有购买一定额度就能打折送往中国地址的服务，而在节日档或换季时，折扣也很给力。

为了让宝宝出生后远离那些带有甲醛或者是荧光剂的衣物，我也联络了身边年轻的爸爸妈妈们，请他们把穿过的宝宝服都留着，这样不仅经济实惠，而且还很环保。

想要做一个持家有道的精明妈妈，光是会勤俭节约还不够，还要学会"量体裁衣"。首先，在选择宝宝衣物的时候，尽量挑选白色或者是淡色的全棉面料，把宝宝能接触到有害物质的几率降到最低。衣服最好没有缝上去的纽扣或者饰品，以免穿着时间一长，纽扣或饰品松动脱落后被宝宝误食。其次，中国的宝宝大多头围比国外的宝宝要大一些，体重也重一些，所以在购买新生婴儿服的时候可以尽量挑选大一号的尺寸。我个人比较喜欢套头的连体衣，因为这样能保护孩子的腹部不着凉，不像一些开襟衫，宝宝动得多了小肚子就露出来了，不适合冬天出生的宝宝穿。最后，千万不要一下子买太多衣服！这是对许多新妈妈的忠告，因为在孩子出生后的头几个月，他的生长发育非常快，一天一个样，甚至有些衣服穿了一两次就穿不下了。所以，尽管儿童用品店的橱窗有着无穷的吸引力，准妈妈们也要控制住自己的购买欲哦。

吸奶器也是许多妈妈的必备。这几天在网上看到一组有趣的动画，讲述了"背奶妈妈"不为人知的故事：做妈妈前不知道，宝宝出生头两个月是每两个小时要喂次奶的；做妈妈前不知道，哺乳时一侧喂奶，另一侧会跟着漏的；做妈妈前不知道，宝宝会把妈妈的乳房当成安慰奶嘴含着睡觉的；做妈妈前不知道，吸奶不彻底是会乳腺发炎的……看了这个动画，我一下子觉得妈妈们都是可以不睡整觉的女"奥特曼"，不是正在喂奶就是在去喂奶的路上。许多的年轻妈妈都推荐我要买双侧同时工作的吸奶器，这样才能争取珍贵的睡眠时间。当然，吸奶器的效率也是因人而异的，有些妈妈就强力推荐手动的产品。

【来自的母婴产品专家Anne的推荐】

准妈妈在生产前做大采购的时候有哪些是必需品？有什么是可以等到孩子满月以后再挑选的？

我个人认为必需品主要分两类：一类是宝宝的，一类是妈妈的。妈妈的主要是待产时的一些装备，除了基本的孕妇内衣裤外，像产妇卫生巾、防溢乳垫、乳头霜、吸奶器、哺乳内衣、哺乳靠枕等一切可以让产后妈妈绝对舒服的用品都是必备的。而对于新生宝宝来说，2～3件爬行睡衣、2～3件连体衣，及出院时所需的保暖外套都是必须的；此外，新生儿尿布、湿巾、毛巾、抱毯、婴儿汽车安全座椅（初次回家必备）、床品、澡盆、奶瓶、洗浴用品等都是必不可少的；而像推车、餐具、玩具等，由于新生儿一下子可能不太会使用到，可以在满月后购买。

为新生儿挑选衣物要注意哪些方面？

新生儿的衣服要舒适、吸汗、天然耐用又容易打理的衣服是最好的选择，方便婴儿随时入睡。因为新生儿大部分的时间都在睡觉，所以确保他们的衣服适合睡觉是很重要的。另外关于服饰的一些小细节也可以考虑进去，比如按扣可以快速方便地为宝宝更换尿布，无镍材质的按扣也会防止对宝宝皮肤的磨损；领口的设计也要方便穿脱；最好有脚趾部位的安全设计，就可以避免脚趾周围的线松脱缠住脚趾。如果选择连体衣或睡袋的话，要选择棉质的，棉质的产品产生热量快，同时散热也很快。尺寸也一定是大小合适为好，大大号的服饰不能很贴合宝宝的身体，只会带来不舒适感，并且从美观度上来说也会大大减分，有些买的大大反而容易闲置而导致浪费。

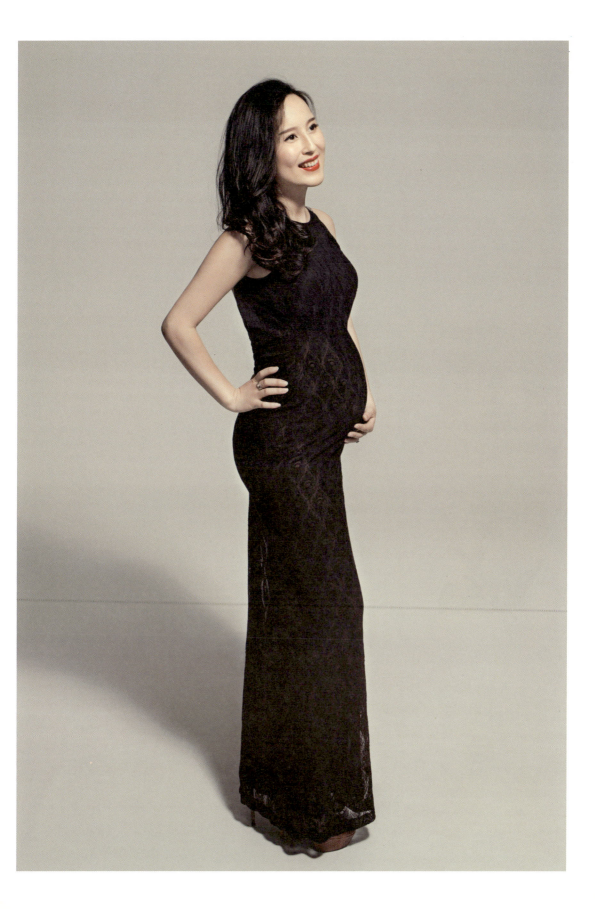

0 到 6 个月的婴儿在穿着方面有什么特殊需求？

帽子和手套是不是一定需要？ 0 至 6 个月的宝宝非常娇嫩，连体衣是最适合他们的，能够防止宝宝因肚子外露而着凉。最好能有防抓伤手套，从而防止婴儿抓伤自己的皮肤。婴儿容易从头部散失热量，所以在室外给新生儿加一顶帽子是必不可少的，基本款的针织帽非常适合新生儿，进入室内时请别忘了摘去宝宝的帽子。手套主要不是用来抵御寒冷的，而是为了防止小指甲抓挠自己的脸和眼睛。婴儿的指甲生长得非常快，所以要防止婴儿有意识或无意识地舞动小手抓伤自己。宝宝的小手套不用全天一直戴着，我们鼓励宝宝用手去触摸、探索和感触周围的世界，帮助他的感知能力发展。

为什么新生儿不需要枕头？

宝宝的第一个枕头应该什么时候买呢？

刚出生的宝宝不需要使用枕头，因为新生儿头部几乎与肩同宽。平躺时，背部和后脑勺在同一平面上；侧卧时，头和身体也在同一平面上，因此没有必要使用枕头。1 岁以后，脊柱颈段出现向前的生理弯曲，需要开始使用枕头，但也不宜过高。

怎样挑选婴儿车，是不是越贵越好呢？

在为宝宝挑选婴儿车时，并不一定是越贵越高，而是越适合自己的宝宝越好，你需要考虑宝宝的需求、你的生活方式和预算。比如你的宝宝还是新生儿，那就需要可以平躺的舒适的婴儿车；而如果是大些的宝宝需要外出郊游，那就需要轻便易携带的伞车。再比如你住宅的大小并不适合大型的婴儿车，那小巧的才应该是首选。每个父母都想给宝宝最好的，根据自己的实际需求购买才是最合理的。

宝宝一出生就要用大浴盆吗？如何挑选？

宝宝可以使用专门的婴儿浴盆。尺寸可以稍大，可以陪伴宝宝成长；但如果太大，则会造成安全隐患，所以还是要根据年龄阶段来选择尺寸。

另外，在挑选婴儿浴盆时还要注意以下几点：

1.选购的婴儿浴盆必须足够坚固，可以支持宝宝和一盆水的重量。

2.挑选有专门的安全设置的浴盆会更好，例如附带温度计的浴盆就比较安全，可以让你随时观察温度的变化，以免宝宝被烫伤或着凉。

3. 挑选排水方便的浴盆。

4. 选购的浴盆最好有防滑装置或相应的软垫，这样更安全也更舒适。

宝宝的奶瓶更换周期是多久？塑料奶瓶、玻璃奶瓶、U型奶瓶、防胀气奶瓶，究竟哪一种更好？

宝宝奶瓶的更换周期一般在半年左右。现在市面上奶瓶的材质大致有两种：一种是玻璃的，一种是塑料的。中国家长更爱使用玻璃奶瓶，认为安全无毒，而塑料奶瓶是有机化合物，含有毒素。其实在国外，塑料奶瓶才是主流。因为现在的塑料奶瓶也多采用安全无毒的材质，是很安全的；玻璃奶瓶有易碎的缺点，对孩子有潜在的危险，而且瓶身容易过热，不方便孩子捧着喝奶。防胀气奶瓶能有效减少宝宝吸入空气，从而有效地减少宝宝胀气、打嗝和吐奶的症状。现在功能性奶瓶很多，不能说哪个最好，适合宝宝使用就可以。

0～6个月的宝宝需要怎样的玩具来开发智力？

0～6个月的宝宝会有大量的时间花在睡眠上，玩的时间也相对较少，我们可以分两个阶段来讲。

0～3个月的宝宝 这个阶段的宝宝，眼睛可以追随移动的物体，并朝有声音的地方转身。他们会突然哇哇大哭，动作逐渐开始变得顺畅、有力。从3个月开始，他们能够趴着，用前臂支持身体。宝宝一出生就有握持反射，所以如果你把东西放在他手中，他会本能地蜷缩手指；第2个月，他会开始抓周围的东西（妈妈们要把头发绑起来哦）；第3个月他会尝试击球或抓住身边的物体。所以该阶段适合的玩具有：婴儿摇铃、床铃、婴儿健身架、婴儿床玩具、毛绒玩具、音乐玩具和婴儿布书。 4～6个月的宝宝 这个阶段，宝宝的手眼协调能力在不断提高，他会试图抓、摸、拉身边的物品，很可能会直接将婴儿摇铃和玩具放进嘴里，所以一定要保持这些物品的清洁！6个月时，他可能会试图从身后抓住物品或将物品从一只手传到另一只手；喜欢摸、抱、转、摇物品，并把物品放入嘴里；开始明白因果关系，可以将视线集中在不同的距离；开始对镜子里的自己产生兴趣，并向它微笑；并且将开始抬头看东西，能够翻身并坐直。所以该阶段适合的玩具包括婴儿摇铃、床铃、婴儿健身架、婴儿床玩具、毛绒玩具、音乐玩具和婴儿布书，还有活动垫和有镜子的健身架。

选择怎样的婴儿汽车安全座椅最经济划算？
是不是一定要买两个不同尺寸的呢？
汽车安全座椅分为不同的类别。应重点考虑的是宝宝的重量，而非年龄。

· 婴儿座椅——适用于从出生到体重达 13 千克（大约 15 个月大）的宝宝的后向婴儿提篮。

· 组合座椅——可以用于从出生（后向座椅）到体重 13 千克的宝宝，前向座椅适用于体重 18 千克的宝宝（大约 4 岁）。

· 前向座椅——适用于体重为 9 千克至 18 千克（大约 9 个月大至 4 岁）的宝宝。

· 高椅背儿童安全座椅（配备或者未配备安全带）和儿童高座垫——适用于体重为 15 至 36 千克的儿童（大约 4 至 12 岁）。

关于是否要买两个不同尺寸，可以参照以上的体重标准以及家庭需要来购买，目前国内许多城市已出台相关条例，未满 4 周岁的孩子乘坐私家车，应该配备并正确使用儿童安全座椅，其实在其他国家很多是规定未满 12 周岁的孩子都应使用汽车安全座椅的，为了宝宝的安全，我建议需要购买 1-2 个可以使用到 12 岁的汽车安全座椅。

为什么小剪刀要比指甲钳更适合宝宝？
小剪刀更容易掌握修剪的深度，不会伤害到宝宝的小手。

选购尿不湿有什么注意事项？女宝、男宝有哪些不一样的选择吗？
首先要考虑柔软度、亲肤度，宝宝的皮肤娇嫩，如果太硬会擦伤宝宝。吸水性当然也尤为重要，吸水快、不回渗，并且能长时间保持干爽的最好。另外，如果具备一些附加的优势也是选择尿不湿的重要指标，比如是否有尿湿显示，腰部松紧是否可调节等。
由于女宝宝与男宝宝的生理结构不同，所以很多品牌会推出男女不同的纸尿裤，男宝的纸尿裤会在前端的吸尿层加厚，而女宝会在纸尿裤的中间部分加厚。

怎样的洗护产品更适合新生儿柔嫩的肌肤？
宝宝洗护产品必须温和不刺激，原料必须安全，最好选
择天然植物成分，并且是贴近宝宝正常肌肤 PH 值的弱酸
性配方，有益于维护宝宝肌肤天然皮脂膜的稳定。新生
儿皮肤娇嫩，不用每次都使用洗护产品，清水洗就可。

宝宝的奶嘴又该如何选择呢？是不是越软越好呢？
一般奶嘴使用乳胶或是硅胶的材质，两种奶嘴各有优缺
点。乳胶奶嘴用天然橡胶的乳胶制成，弹性好，不容易
咬破，非常耐用，但使用期限较短，较易老化；硅胶奶
嘴则是采用硅胶制造，特点就是更安全，没有毒性，没
有气味，透明度高，但价格要高于乳胶奶嘴，并且比较软，
不是很耐用。

安抚奶嘴会伤害到宝宝的牙龈吗？
在传统观念上，很多中国妈妈都担心安抚奶嘴会影响宝宝
的口腔健康。其实在欧美一些发达国家，安抚奶嘴的积极
作用早已被广泛认可，安抚奶嘴几乎是每一个宝宝必备的
用品。使用安抚奶嘴可以戒掉宝宝吃手指的习惯，而且研
究发现，使用安抚奶嘴能大大降低宝宝因尚未养成鼻呼吸
习惯而导致猝死的机率。

吸奶器手动、电动大 PK，哪些品牌更适合中国的背奶妈妈？
手动与电动吸奶器各有特点。手动吸奶器主要是人工控
制，不能保持恒定的频率和力量，这样可能对乳房造成
不良刺激，对于妈妈来说也会比较吃力，但胜在价格亲
良，而且在没有电力的情况下可以操作自如，随时操
作，随时吸奶。电动吸奶器可以调节到最舒适的力度和
频率，而且更加省力，但价格较高，并且如果在没有电
的情况下是无法工作的。品牌的话，美德乐、新安怡、
Innosense 等都是背奶妈妈可以考虑的。

2014年9月3日
胎教是工作、运动和音乐

不少准妈妈会选择在孕期停止工作，在家待产。说实话，我也曾经这样想过。但经历了头几个月的休息之后，我发现待在家里只会让自己胡思乱想，小宝宝不经意间的小动作都会让我"抽搐"，感觉度日如年。于是，我挺着稍稍有些重的大肚子，出没于采访现场，尝试着多干点儿活。有时，我甚至能感觉到小宝宝和我一起在思考采访提纲，这时候，我觉得工作的准妈妈是自信的，是散发着魅力的。对宝宝来说，他的胎教也真是类别丰富，有壁球赛、演唱会、工作报告、电影首映、艺术展览，小脑袋有点儿来不及消化了吧。

说来也奇怪，我本以为肚子越大，人就会越累，但忙碌的工作和平日的一些运动反而让我感觉没有头三个月那么累了。9月的上海蛮热的，我试着在每天午饭和晚饭后散步，每次半小时，一天基本保证3公里的运动量。散步或者游泳时所做的呼吸动作能为肚子的宝宝提高带氧量，他的身体也会更加的健康。两个月以来，我的体重也基本保持每月增长1公斤。如果按照这样的速度增长，我看就不用担心产后恢复了吧。

一些孕产读物上还提到了小宝宝的运动，比如准妈妈在运动完以后轻轻地抚触他，或者是用手指轻轻地按肚子的某一个位置，和他说说话，他会很聪明地回应你的动作。我的宝宝在我运动时似乎不怎么动，我常开玩笑说，他像是在坐地铁，车厢晃动的时候他当然要拉好扶手啦。等到我休息的时候，他便开始欢腾起来，不时地表现出他强有力的运动细胞，这也是我运动完以后最享受的休息时光。

不少研究报告都提出，巴洛克时期的音乐对宝宝的智力发育很有帮助，不知道这些报告是不是莫扎特的后裔写的。越来越多的准妈妈开始在孕期听莫扎特的乐曲，说是能增强宝宝的记忆力以及创造力。我问了一些专家，其实只要是舒缓的音乐就可以了。进入孕中期，胎儿的听力已经基本形成，只是隔着妈妈肚子里的羊水，听上去有些不一样罢了。这些音乐旋律能够刺激妈妈的内分泌系统，分泌出一种神奇的激素，它经过胎盘传送到宝宝的体内，这样，孩子的大脑发育会更好，也就更聪明。等孩子出生了，他们甚至会在这种音乐的帮助下更快地安静下来。想想怀孕初期听了一次Taylor Swift的演唱会，看来是有点激烈了吧。

2014 年 9 月 9 日
月嫂还是月子中心呢

最近精神好了，聚会多了，操心的事儿开始多起来了。每次和朋友圈子里的妈妈们聊天，都觉得自己是一个需要上补习班的留级生，不由惊叹，原来"母婴圈"信息量那么大。

买婴儿用品已经让我深深陷入五颜六色的萌物里了，特别是那些闪闪的小裙子、精致的小礼服和印着卡通图案的小短裤。母婴用品店简直就是一个"鸦片屋"，让所有妈妈都欲罢不能。

除了这些，进入孕中期的我还有另外一出戏码——找月嫂。

为什么不是月子中心？原因很简单，因为我有点儿认床，所以出差对我来说是对睡眠模式的挑战。其次，我不喜欢月子中心像工厂一样的流水线操作模式，一按铃护士就到岗的感觉，总缺了点家的温馨。有些月子会所为了保证产妇的休息，到了晚上就会把宝宝带走，这让我也觉得很不舍得。

关于月嫂，我原先也有些排斥，因为我和 W 先生都很难接受一个陌生人住在家里，并把刚出生的孩子交到她的手里让她照顾。但许多朋友的经验让我开始犹豫了，在她们口中，坐月子就是十个月"皇后生涯"的彻底终结，产妇在身体最虚弱的时候还要经历不分昼夜每两个小时一次的喂奶，帮孩子换尿布、洗澡，哄他睡觉。额外的突发事件不算在内，产妇一天只能支离破碎地睡 4 到 5 个小时。而这些工作量如果都交给奶奶和外婆，恐怕我和 W 先生都会不忍心的。

可是，衡量月嫂的标准是什么呢？怎么找呢？

对于这样一个依赖口碑的职业，我相信朋友的推荐多过中介的"推销"。于是，我向最挑剔的、要求最严格的新妈妈们寻求帮助。许多上海的月嫂中介都打着"包退包换"的口号，但事实上，谁愿意在月子里折腾换人呢。朋友换了六个月嫂的纪录吓到了我，月嫂这个每半年涨一次价的"无门槛"行业让许多并不具备专业技能的钟点工或者住家阿姨趋之若鹜，价格上涨的同时，服务质量却不能被保证。

我觉得，选择月嫂应该有几个必要条件：一、她是发自内心地爱孩子，喜欢宝宝，这样才能 26 天 24 小时照顾一个陌生人的孩子。二、她的健康关系着宝宝和产妇的健康，所以体检是必不可少的。三、好的月嫂需要至少有五六年的经验，受过专业的培训，并且有资质证书。四、薪酬合理，不一定贵的就是好的。

就这样，我按照这四个标准找了两三个月嫂"面试"。我像是一个研发部门的主管，为我还没有生产出来的"产品"寻找最合适的维护工程师。

姚阿姨五十多岁了，是有着十年经验的月嫂，在这个职业还不是很红的时候，她开始在上海的红房子医院工作，每三天就会遇到一位产妇。粗略地算一下，她照顾过的宝宝也有百来个了吧。她笑起来有两个酒窝，看着很甜，说话的音量不高，很爽快。我能想象到宝宝看到她的样子，会很安稳、很开心。我相信第一眼必须投缘才行。

"我在不少外籍家庭工作过，比如像日本人、新加坡人什么的……"姚阿姨开始向我介绍她的经历。"我烧菜不错哦，有一次，我工作的那家有亲戚来，我烧了一桌菜，他们都说好吃。"

我心里想着：这阿姨说的那么精彩，可我尝不到菜，怎么知道好不好呢？

"我们家就我和先生啦，不会烧一大桌子的菜。我想问问你，产妇头两周该吃些什么补一补呢？"

"小姑娘，头两周是不能补的，要吃些清淡的，因为产妇需要排恶露，身体太虚弱时，虚不受补。荤菜可以吃点猪肝啦、腰花啦什么的，补铁补血。到了后两周才能吃催奶的汤，进行食补。"姚阿姨瞬间开启了教育普及模式。

"宝宝第一个月都有黄疸吧，黄疸不退怎么办呢？"我心里又想，我准备的"考试题"不多，这个应该算难回答的吧。

"大多数宝宝都不太会有这样的情况的，如果实在严重，医院会把宝宝扣下的。一般性的黄疸一个月左右就会退掉，每天早晚多晒太阳，因为那时候的紫外线不强。再加上宝宝喝奶以后的排泄多了，自然也就退了。不过，如果你的母乳很多，宝宝是全母乳喂养倒是有可能持续时间长一点，因为母乳里的一种酶会导致母乳性黄疸，但一般也不会很严重，只是时间稍长一点而已。"姚阿姨侃侃而谈，显然没觉得我是在考她。

接着，W 先生又问了两三个问题，姚阿姨都如同护理专家一样滔滔不绝，口齿利索得很。我们大体上放心了，再加上朋友的一再推荐，最终就这样决定请她来照顾我们的宝宝。

2014 年 9 月 17 日
又爱又恨的糖水

"今天糖耐测试啦，我能吃甜的啦！"早上起床，我很兴奋。六个月了，我一直都很听汝医生的话，很少吃甜食。但不知为什么，孕妇的口味在孕期都会变化很大，以前不爱吃辣的人会特别爱在菜里放辣椒，从来不吃汉堡包的人会隔三差五地想念牛肉生菜加面包的味道。甜食好像是所有孕妇的命门，她们会如同牵挂情人一般，无时无刻不想着巧克力、蛋糕、西瓜、蜂蜜这样的人间美味。若是原本就爱得不行，那整个孕期都会饱受相思之苦。

今天，我有正当理由吃甜食啦——糖水！

怀孕到现在，我很少起早去医院排队检查。一是因为孕前的调研做得充分，特意选择了人相对较少的医院；二是医院的预约制度让我能尽早地安排自己的行程，不用像大多数的准妈妈那样挺着大肚子排一天的长队。

今天的糖耐检查可能是整个孕期时间最早的一次检查了。早上 8 点多，我和 W 先生就已经坐在等候室里，巴望着传说中会喝到吐的糖水。

这时候的我肚子里空空的，已经 10 个小时没吃东西了，平时孕吐反应强烈，这时候倒是恨不得快来点喝的解解馋。再加上孕期对甜食的严格控制，让我反而对这杯神秘的糖水充满期待。心里暗暗想着，总算能名正言顺地大口大口喝糖水了。

护士走了进来，端着一杯纯净水、一个空杯子和三小罐百分之七十五的葡萄糖溶液。"你好，刘小姐，我们接下来要做糖耐测试咯，我首先会给你抽血，然后，请你在五分钟内喝下这些葡萄糖溶液，尽量不要喝水，实在难受可以喝这个杯子里的纯净水，喝完就不能再加水咯，不然会影响检测结果。在你喝完以后的第一个小时和第二个小时我们会分别抽血一次，根据这三次的抽血数据，我们才能判断你是否患有妊娠糖尿病。直到第三次抽血结束，你都不能吃东西哦，不然你就要再来一次啦。"

护士一口气说完了所有的指令，我模模糊糊地只记住了五分钟内喝完糖水，不能喝水。听起来觉得自己像个快要掉到蜜罐里的小熊，等着好好乐一乐。

抽完第一次血，我开始品尝六个月来第一次大剂量的"甜味饮料"，喝了几口，味道还不错。"要来点儿吗？"我有些调皮地问 W 先生。

W 先生倒是很认真地看着表，说是五分钟的时间很短，要抓紧。

我猛地喝两口，沉浸在久违的大口喝糖水的喜悦中。喝了四五口之后，我感觉像是被灌了猪油一样，胸口堵得慌，真想立刻掏空胃里东西，不，是把整个胃都拿出来洗一洗。这下算是明白，坊间流传的所谓"喝到吐的糖水"了。粘粘的溶液滑在口腔里，能让每一个孕吐的细胞瞬间发作，还没喝到半杯，我就已经想吐了。手边那一杯可怜的纯净水哪够救命啊，我现在喝下一桶水的心都有。为了尽量不影响检查结果，我像是小偷一样小小地来了半口纯净水，接着，继续给自己猛灌糖水。

我心想着：我再也不碰任何甜的东西了，一滴都不要。

这个可以称得上我生命中最"甜蜜"的五分钟了，粘稠的溶液在杯子里晃来晃去，真是一辈子都记得你。

W 先生看着我喝完最后一口，非常及时地来了一句："厉害，提前完成任务！我们去走走吧，分散一下注意力也好。"

我摸了摸肚子，像是在和宝宝诉苦："你看看，妈妈真是不会享福，连个糖水都搞不定。"我起身开始溜达，尽可能忘记刚才那几下死命的吞咽。不是说"一孕傻三年"吗，那就失忆吧。W 先生建议去室外走走，呼吸一下新鲜空气。的确很有帮助，时间也过得快了一些，总算是把这又爱又恨的糖水咽到肚子里了。

【来自汝医生的答复】

为什么我们要进行葡萄糖耐量实验？

妊娠糖尿病（GDM）在近几年越来越受到重视。如果没有及时诊断和治疗，会给母婴的安全带来极大风险。从孕妇角度看，妊高症、感染以及心血管、肾脏等重要脏器疾病的风险明显增加；从胎儿角度看，巨大儿、畸形儿、围产期胎儿死亡、胎儿发育延迟等几率大大增加。所以，用妊娠期的口服葡萄糖耐量试验来排除GDM是极为重要的。

这么大剂量的溶液喝下去，孕妇的身体是否能承受？

绝大部分孕妇都可以耐受，如果喝下去不久出现呕吐，就只能择期重新做了。所以不要一下子全部喝掉，只要在5分钟内喝完即可。如果因为出现反复呕吐难以耐受，也有用馒头来替代的，不过结果就不够准确了。

葡萄糖耐量实验是在什么时候做？怎样才算达标？

一般在孕24～28周采血化验筛查（如果以前有GDM史或者特殊高危因素的需要提前到12周进行）。

葡萄糖耐量试验（OGTT）的方法：试验前空腹12小时，先空腹抽血查血糖。然后将50%葡萄糖注射液150ml加入100ml水中，或将葡萄糖粉75克溶于300ml水中，5分钟内喝完。从喝第一口开始计时，1小时、2小时各抽血一次。

正常值标准为：空腹5.6mmol/L，1小时10.3 mmol/L，2小时8.5 mmol/L。其中有1项达到或超过正常值，则可诊断为妊娠期糖尿病。

哪些人容易患妊娠糖尿病？妊娠糖尿病高危人群有：

· 有糖尿病家族史的孕妇。

· 碳水化合物摄入过多（米饭、面包等稻米、麦类制品）、糖分摄入过多（包括过多摄入水）的孕妇。

· BMI过高（超重、肥胖）、有多囊卵巢综合症病史的孕妇，或高龄产妇。

得了妊娠糖尿病该怎么办？

· 在医生和营养师的指导下，调整进食品种和进食量。

· 向内分泌医生进行门诊咨询，制定调控方法。

· 监测血糖，用血糖仪监测空腹、三餐后两小时的血糖水平；同时认真做好每餐进食品种和量的记录；根据血糖结果来调整进食。

· 调整生活方式或运动量，来平衡营养摄入。

2014 年 9 月 30 日
2D 就够了，拍下最幸福的全家福

"如果是男孩子，我们叫他 George，如果是女孩子，我们就叫她 Grace 姐姐吧？"我和 W 先生一边看着《爸爸去哪儿》，一边开始酝酿小宝宝的名字。节目里的小 Grace 让我们哭笑不得，也让我们有些许的期待。希望能有一个跟她一样，时而乖巧，时而搞怪的"大姐姐"吧。

朋友一见到大肚子的我就会问："你想要男孩儿还是女孩儿呀？"我怕肚子里的小家伙生气，总是口不对心地说："男孩儿女孩儿都好啦！"天晓得我心里的小算盘正噼里啪啦地打着：若是个女孩儿，我会给她梳小辫儿，戴蝴蝶结，还要在夏天的傍晚带着穿花裙的她去海边散步，给她小小的指甲盖儿涂上美美的指甲油；若是个男孩儿，天哪，我得恶补多少《变形金刚》《名侦探柯南》，还有《忍者神龟》这样"威武"的动画片呀……

昨天的 B 超检查给我提了个醒，是时候开始试着去了解男孩儿的世界了。

W 先生有时比我还惦记肚子里宝宝的情况，尽管他工作很忙，还是会请假陪我产检，几乎一次不落。每次的 B 超检查，是我俩头排头坐看小朋友表演的时刻。

昨天，根据医院的规定，我们终于可以知道宝宝的性别了，这是我们急切想要揭开的谜底。26 周左右的宝宝已经能够清楚地看出脸和身体的轮廓了，可我肚子里的这个小家伙一开始并不是非常配合，他跷着二郎腿，悠哉悠哉地窝在那儿，根本不让我们看出他的秘密。"看来这是个小姑娘，她害羞呢，不让我们看。"B 超医生逗趣地说着。

我有点窃喜："我是不是需要去走一走再看呢？"我不死心，想着必定要好好利用检查的机会，破了这个隐藏了 6 个多月的谜。

"你可以试试，或者去楼下的 cafe 买点儿甜食，他可能会兴奋一点，说不定会动一动。"医生支了招，我立马执行。

两个小时以后，我拍着肚子，说："小朋友，你若是不让我们知道你是男是女，我们怎么给你买衣服呀？快快翻个身吧。"检测仪器在我的肚子上扫来扫去，小朋友依旧纹丝不动，两腿紧闭，看上去是睡着了。我有点儿失望。

"巧克力都不起作用吗？看来这是个有点贪睡的宝宝哦，我来把他叫醒吧。"医生左右摇晃着我的肚子，宝宝像是个躺在鱼缸里的小金鱼，睡得好好的，就这么被我们晃醒了，真可怜。

"动了动了！"我看着屏幕里的宝宝用手扫了扫脸，特别不情愿地转了个身，小嘴张了一下，像是要打哈欠，动作笨重得很。他慢慢悠悠地扭着下半身，我们立刻都安静下来，眼看着他终于曲了曲紧闭的双腿。

"嗯,应该是个男孩儿吧,他的位置不是最好,但基本上能说出他的小秘密了哦。"

"啊，真的是 George，不是 Grace 姐姐吗？"看来我只好和蝴蝶结说再见了。

"我给你打一份结果出来吧，你看，这是他的大头照，他的全身照，很有意思吧。"医生用对孩子说话的口吻对我这个准妈妈说话，让我有种甜甜的喜悦。她口中的"人生中第一张全身照"像是琼瑶小说里的台词，别人听着一定觉得肉麻，可当事人的甜蜜细胞却被立马激活，这是多么难得的一次记录，多么珍贵的一份收藏。

【来自 Audrey 的贴士】
2D 还是 3D ？

2D 超声波是大多数医院妇产科临床检验的依据，它是相对来说最准确的。一般来说，如果准妈妈想有这样一张能清晰地看到宝宝面部和身体的 2D"照片"，在 24 周左右就可以了。而所谓的 3D 甚至是 4D，也都是在 2D 效果的基础上合成而来的更加立体的画面。如果你是一个对胎儿"照片"要求比较高的准妈妈，不妨一试。但如果是寻求医学检测的结果，那么 2D 是最好的选择。

作为收藏，准妈妈们最好在拿到 2D"照片"的第一时间就将它翻拍下来，因为这些照片都是非专业相纸打印的，时间一长，影像就会模糊，甚至神奇地消失，到那时可就追悔莫及啦。

相比那些 3D、4D 的照片，我更喜欢"全家福"。对于准妈妈而言，孕育新生命是最性感、最美丽的，虽然体型和脸型都会有不同程度的变化，但这种变化在诞下宝宝以后可就捕捉不到了。所以，一定要在 7 个月左右的时候记录下这个美妙的时刻。这个时候你的身体状况相对稳定，体型也最适宜拍摄照片。

3

孕后期

2014 年 10 月 6 日
倒计时三个月

今天距离宝宝出生还有三个月的时间，小小的他越来越兴奋了，时不时大力地来上一脚，或是用小拳头在我的肚子上划来划去，要不就是睡得不舒服翻个身。特别是凌晨1点左右，由于孕晚期孕妇会经常上厕所，他便时不时地会被我叫醒，一阵拳打脚踢之后，我便只能睁着眼等天亮了。于是，我吐槽他的"多动症"也变成了常有的事。但说心里话，他的每个动作对我来说都是一颗定心丸，告诉我他一切安好。反倒是他很安静的时候，我会有些神经质，不由自主地疑神疑鬼起来。按照汝医生的话来说，宝宝动得多是健康的表现。

和许多准妈妈不同，我的孕吐反应到现在依然很严重，似乎就是传说中的那种"吐到生"的惨烈版孕妇。每次产检我都仔细留意孩子的生长发育是否正常，生怕因为孕后期自己吃的少而耽误了宝宝的营养。幸好每次检查结果都很不错，尽管我的体重每月只长一到两斤，宝宝的重量和体型却已经超了一周了，看来这是个懂得自己觅食的聪明家伙。

今天，我和宝宝一起完成了外滩壁球赛的采访。尽管孕期里我一直都有参与采访和主持，但这次的感觉明显有些累，以往轻盈的脚步，这回也变得"大象学步"一般。完成了整个采访后，感觉腰酸背疼，整个人都要散架了，还有些喘不上气呢，看来孕后期的一些不适已经渐渐显现出来了。

妈妈说，孕初期和孕后期是最难熬的，为了让自己好过一点，我做足了功课来应对不同的孕后期症状：

一、不用迷信于左侧卧睡姿，多做深呼吸，缓解呼吸急促的现象。

怀孕七个月以后，孕妇呼吸急促并不是病，属于正常现象，我有两次甚至感到气不够用，眼冒金星。这个时期的孕妇因为子宫逐渐变大，已经压迫到了周围的器官。对我来说，胃部所受到的挤压是最明显的。此外，帮助呼吸的横膈膜受挤压后，胸腔变窄了，肺部的扩张空间也变得有限。因此，子宫越大，呼吸自然也就越困难，再加上宝宝的存在迫使你的身体给出了多呼多吸的信号，孕激素也刺激孕妇更多地呼吸。诸多的因素，造成了孕后期的准妈妈呼吸急促。

应对呼吸急促的方法有很多：

1. 放慢行动节奏，找到最顺畅的呼吸姿势，深吸气，慢呼气。每天清晨在空气清新的环境内挺直身体，打开肩膀，深吸一口气，同时两臂伸展并举高，然后慢慢呼气，同时手臂收到身体两侧。准妈妈们可以把两个手掌放在肋骨处，感受呼吸时胸腔的扩张程度。深吸气时，尽量使得肋骨有向外推的感觉，熟悉了这样的呼吸方式后可以在呼吸急促时帮上大忙。

2. 练习分娩呼吸法。保持全身放松，尽量拉长吸气、呼气的过程，保证吸入最多的氧气，呼出最多的二氧化碳。这样，不仅可以减轻上气不接下气的状况，还可以为日后分娩做好准备。

3. 如果天气闷热，或者室内空气不流通，也会造成呼吸困难。孕后期的准妈妈应避免去拥挤的公共场所或者是封闭性场所。变换身体体位时注意不要太猛，早晨起床时可以先坐一两分钟再站起来。如果在公共场所一下子觉得晕眩，可以蹲下身子，或者是坐下，提高心脏的供血效率，缓解不适。

4. 侧卧睡姿比平躺更有利于呼吸。如果是夜间睡觉时呼吸急促，孕妇可以在双腿之间夹个枕头，或者是在腰上垫一个 U 形枕，这样既能缓解腰部的酸痛，又可以给准妈妈的胸腔留出更多的呼吸空间。虽然左侧卧可以避免压迫到腹部右后方的卜腔静脉，但并没有任何的研究证明右侧卧或者是平躺对宝宝有伤害，所以，如果孕妇觉得右侧卧更舒适也可以尝试。或者多加一个枕头，半坐卧也可以帮助入睡。照医生的话说："你可不能保证整夜保持一个姿势睡觉哦，怎么舒服怎么睡呗。"

二、多餐少食，饮食清淡，缓解便秘和消化不良的症状。

"烧心"这个词是我最近说得最多的形容词，这种感受真的就像"火烧火燎"。子宫的不断扩大让胃和十二指肠的位置都有了不小的改变，加上孕妇体内激素的变化，肠胃蠕动也开始减少、变慢，胃里的灼热感让我恨不得喝下一桶冰水，胃胀气和便秘也开始成为了最顽固的"敌人"。

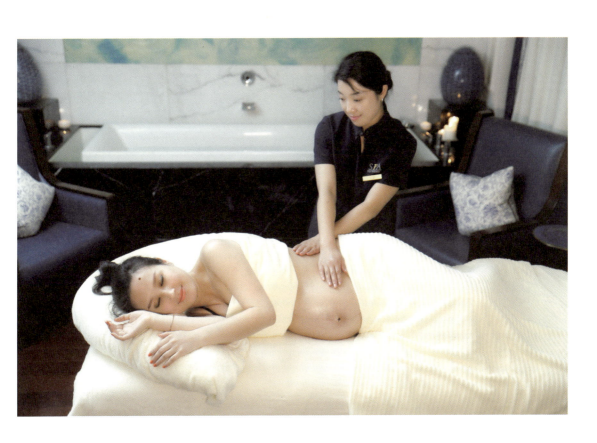

怎么应对这些问题呢?

产检时,汝医生给我开了乳果糖,这是一种可以缓解孕妇肠道问题、改善便秘的溶剂,它没有副作用,也不会影响胎儿,是可以针对性解决顽固"敌人"的利器。当然,如果严重时,医生建议我可以用开塞露这样的外用药,它的成分是水和甘油,不会有任何的不良反应,也不会被人体吸收,可能带来最大的问题是孕妇会对它产生依赖性。其实,饮食清淡是解决"烧心"最有效的办法,避免油腻和辛辣的食物会让胃好受些。少食多餐,减少每顿饭摄入的量,分多顿补充营养。尽量多地咀嚼食物,帮助消化。饭后勤散步,也会有很好的效果。悲哀的是,这些症状不会彻底消失,只能缓解。所以,我开始渴望"卸货"以后酣畅淋漓地大吃大喝的日子。

三、精油按摩,能减轻腰酸背疼、皮肤干燥的情况;脚跟运动,可以缓解腿抽筋和脚部水肿。

半岛酒店的精油很神奇,不仅可以缓解皮肤的紧绷感,还是腰部按摩的好帮手。到了孕晚期,孕妇常会觉得腰部酸疼,像我这样腰椎本来就不好的人,疼痛甚至会延伸到"尾巴"上。眼看着肚子从"猕猴桃"到"哈密瓜"再到现在的"冬瓜",能不累,能不酸吗?

针对这些问题,我也有自己的应对方法:

1. 孕妇的腰酸不比一般的跌打损伤,最好不要用比较刺激的酸痛膏药或者是止痛药。精油按摩就非常有效,特别是在洗完热水澡以后,准妈妈可以坐下来,将按摩油滴在掌心,双手揉搓后轻轻地自腰部往股沟处按压,每天大约 10 分钟左右。针对比较容易产生妊娠纹的胯部、臀部以及胸部,坚持涂抹孕妇专用的精油也可以尽量减少纹路产生。

2. 怀孕七八个月的时候,孕妇常常会腿抽筋,这其实是一种肌肉的痉挛。造成腿抽筋的原因,一个是子宫压迫神经,一个是血液中的钙、磷缺乏。因为胎儿通过母体吸收了许多的钙质,让准妈妈受苦了。首先,饮食上,多喝一些牛奶,吃一些豆浆、虾米、奶酪等含钙高的食物,可以帮助补充流失的钙质,特别是奶制品。最近,我已习惯了在睡前喝一杯酸奶,再加上一些芝士块,这样不仅可以缓解腿部抽筋,还可以帮助睡眠。其次,工作一天后回到家,准妈妈可以躺在床上,把脚抬高,靠在墙壁上,或者是每晚用热水泡泡脚,热敷一会儿小腿肚,这样可以促进血液循环。同时,准爸爸可以帮助孕妇沿着脚趾、脚踝、小腿、大腿——向上按摩,配搭精油效果会更好。如果这些都不管用,那你可以咨询医生是否可以服用一些钙剂或者是维生素 D。

3. 水肿是因为激素的改变造成了孕妇体内的钠浓度提高，水分多积蓄在下肢。再加上血液循环不如以前充分，容易造成静脉曲张、手脚发麻等感觉。这时候，选择一双舒适的鞋子非常重要，配搭上中国传统的踮脚操：双脚与肩同宽站立，轻轻踮起脚，感觉小腿的肌肉有紧绷感，然后回到原位，重复 50 次。这样能迫使下肢的血液循环加快，那么症状就能缓解不少。如果你是休息在家的准妈妈，每天可以抽出 30 分钟做水中有氧运动，这样不仅可以增加孕妇的肺活量，同时水压也可以帮助加速静脉回流，防止孕妇体内的水分滞留在下肢。

 【来自汝医生的答复】

孕晚期，怎样的胎动算是正常？如果有异样怎么办？

孕晚期随着胎儿不断增大，宝宝的活动空间相对减少，所以胎动次数会逐步减少。关于监测胎动的方法，比较推荐的是计算固定时间内的胎动次数。每日早、中、晚三次，每次 1 小时，总数乘以 4，就是 12 小时的胎动次数。一般要求 12 小时胎动在 20 次以上为正常。如果不足，或者较通常水平下降 50%，即便超过 20 次 /12 小时，也应该去医院进行胎心监护。

临近分娩，孕妇还会有哪些必不可少的检查？作用是什么？
• 在临近预产期的时候，孕妇会接受胎心监护 (CTG) 监测，通过胎动、胎儿心率的变化等来评估胎儿的储备能力。在最后几周，监察胎动其实是最重要的。
• B 超。在 38～39 周可以估算胎儿体重，测定羊水量。
• 必要的抽血化验。测定肝功能、血常规、凝血功能。

2014 年 10 月 20 日
肚子越大 吃得越少 要紧吗

"Audrey，几个月啦？"同事们经常会在电梯里碰到我，不时地问起我的"进度"。

"七个多月啦！"我很兴奋地说到。

"啊？已经七个月啦，看上去一点都不大啊，我七个月的时候比这可大多了。你可要注意营养啊！"

同事的一句话让我郁闷好久，回到家便 email 汝医生。

"汝医生，我的孕吐反应依然很强烈，都七个多月了，还是没什么胃口，我的好多妈妈朋友这个时候都能吃下一头牛了，我连个牛耳朵都吃不下。人家都长了 20 斤了，我长了 10 斤都不到，怎么办呀？"

"不用担心，你的宝宝很健康，对于孕晚期的孕妇而言，并不是吃得越多就越好，有的时候吃得多不仅不利于孕妇的产后恢复，而且会因宝宝太大导致生产困难，甚至造成宝宝肥胖。你看有些欧洲人人高马大的，可宝宝生下来很标准呀，他们并没有过度迷信我们中国人所说的'一人吃两人补'，大多都是适当地补充一些必须的营养就够了，因此，生产的过程也会比较轻松。"

汝医生的回复依旧是这样的简单易懂，让人心情轻松。

【来自营养专师 Corrine 的建议】

孕期 7～9 月，胎儿体内组织、器官迅速发育，脑细胞分裂增殖加快，骨骼开始钙化，同时母体子宫增大，乳腺发育增快，对蛋白质、食物总热量、维生素、矿物质的需要明显增加，特别需要补充钙质和长链多不饱和脂肪（如 DHA）的摄入。建议每周至少食用 3 次鱼类（其中至少 1 次海产鱼类），每周进食动物肝脏一次，每日饮奶 250～500 毫升，同时补钙 300～500 毫克。

食谱举例：

早餐：青菜鸡丝面 1 份 加餐：牛奶 1 杯 + 饼干 2～3 片

午餐：米饭（加入糙米或黑米）1 碗 + 虾仁西兰花 1 份 + 香煎鳕鱼（三文鱼）1 份 + 香菇菜心一份 + 萝卜排骨汤 1 份

加餐：水果 1 份

晚餐：米饭（掺入小米或麦片）1 碗 + 红烧鸡块 1 份 + 洋葱猪肝一 1 份 + 什锦杂蔬 1 份 + 芹菜花枝片（鱿鱼）1 份 + 黄豆黑鱼汤一份

加餐：酸奶加水果 1 小碗

【来自邱琼的孕后期菜谱】

汤

冬瓜老鸭红枣百合汤
原料：冬瓜 200 克，老鸭半只，红枣 2 颗，百合 10 克。
做法：1. 老鸭飞水后切成小块，然后再次飞水待用，冬瓜切小块。2. 加入冬瓜块、红枣、百合，加鸡汤，用盐、鸡粉、胡椒粉调味后，加盖上汽蒸 50 分钟。

海鲜味噌汤
原料：赤味噌 15 克，木鱼花 10 克，
豆腐 30 克，裙带菜 5 克，小葱 5 克。
做法：1. 木鱼花放在水（清汤）中煮。
2. 沥去木鱼花，放入味噌搅匀。3. 裙
带菜泡开后切成小段。4. 葱花、豆腐、
裙带菜装碗。5. 倒入热汤即可。

冷菜

胡萝卜芥蓝有机石榴花柚子醋酱汁
原料：芥蓝 50 克，小胡萝卜 50 克，
有机石榴花 4 片，酱汁（柚子醋）
10 克，橄榄油 15 克，柠檬汁 2 克，
盐少许。
做法：1. 将胡萝卜、芥蓝放入沸水中
余水，在断生之后放入冰水里冷却，
取出晾干待用。2. 将调味料均匀地打
在一起，待用。3. 把所有的原料和酱
汁拌入，装盘即可。

海菜胶瓜拌海蜇
原料：海白菜 50 克，胶瓜 20 克，
海蜇 80 克。
做法：1. 海蜇改成片状，用冷水冲去
咸味，飞水备用。2. 胶瓜切片，海白
菜切条，飞水备用。3. 用盐和米醋调
味凉拌，淋上麻油即可。

热菜

鸽子炖南瓜红薯叶
原料：鸽子1只，红薯叶2片，南瓜30克。
做法：1.鸽子整只切块后飞水（加入黄酒），用冷水冲去鸽子的血水。2.南瓜切块，加入鸽肉、鸡汤，用盐、鸡粉、白胡椒调味，加盖上汽蒸45分钟。3.红薯叶飞水断生，加入汤中即可。

山药蛤蜊炖鹌鹑
原料：鹌鹑1只，蛤蜊3个，山药5片。
做法：1.鹌鹑整只切成6块后飞水（加入黄酒），用冷水冲去鹌鹑的血水。2.开水中加入蛤蜊，煮制开口即可，捞出冲凉。3.山药去皮切片。4.鸡汤用盐、鸡粉、白胡椒调味，加入所有原料加盖上汽蒸50分钟。

清蒸味噌鳕鱼
原料：鳕鱼2片，味噌汁120克。
做法：1.鳕鱼带皮切成厚块，用盐、生粉略腌制。2.鳕鱼蒸15分钟，加入味噌汁，淋上香油即可。

酒酿茄汁虾
原料：明虾 6 只，酒酿 20 克，茄汁 120 克，姜末 5 克，葱花 5 克。
做法：1.明虾背部改刀除去沙筋，平底锅加入少许油把虾煎至两面金黄。2.锅里留有油，把姜末炒香，加入番茄酱炒香，加入水和虾。3.用盐、白糖、白醋、鸡粉调味，把虾煮入味，加入酒酿后勾芡。4.出锅淋上麻油，撒上葱花即可。

主食

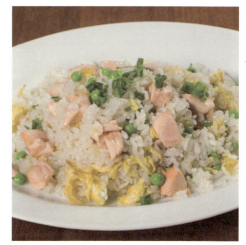

三文鱼甜豆鸡蛋炒饭
原料：三文鱼 80 克，甜豆 8 克，鸡蛋 1 枚，米饭 120 克。
做法：1.甜豆，三文鱼飞水备用。2.锅里加入少许油，把鸡蛋炒香，加入米饭炒香，用盐、鸡粉、白胡椒粉调味。3.加入三文鱼、甜豆炒香即可。

甜品

山楂糕
原料：山楂干 500 克，山楂饼 300 克，黄片糖 600 克，水 1500 毫升，树莓果蓉 100 克，吉力丁片 4 张。
做法：1.山楂干洗净，与山楂饼、黄片糖一起，加矿泉水搅拌均匀，放入蒸箱蒸 2 小时，过滤出山楂水。2.取 600 毫升山楂水，树莓果蓉与泡软后的吉利丁片一起加温拌匀，倒入器皿。3.待成形后改刀装盘即可。

2014年11月6日
自然分娩好处多，努力做到能顺就顺

终于，还有两个月，我就要和小 George 见面了。我的产检间隔缩短到了两周一次。越是临近预产期，我越是有些紧张，报名参加产前辅导课，买育儿书，反复检查家里是否还缺些什么宝宝用品……相信每个临近生产的妈妈都会是这样的吧。

汝医生一直都密切关注着这个小家伙的动静，在他休假的时间里，也为我们做了周密的安排，真是很贴心。检查时他告诉我宝宝的头现在是向下的，而且变化的可能性非常的小，这个位置适合顺产，所以不用太担心胎位的问题。这解除了我生产前最后一个"焦虑点"。

对于是生产方式这个问题，我一直都坚持在条件允许的情况下尽量顺产，虽然之前也听说过顺产的各种痛，比如"十根肋骨同时断裂的疼痛"，"疼了一个星期才到三指"，还有噩梦般的"顺转剖"。但这些都比不上切开我肚子做一次手术来的恐怖。

通俗点理解，自然生产是不开刀的情况下，胎儿以及羊水、胎膜、胎盘从子宫经过产道产下，而且在生产过程中尽量不使用药物。而剖宫产，则是通过手术切开产妇的腹壁和子宫壁将胎儿娩出，在胎儿取出后，医生紧接着就会清理子宫内的胎盘以及胎膜等，整个生产过程不经过产道。

自然分娩的好处可谓多多，这些好处不仅是针对产妇，对胎儿也有益处：

1. 阴道自然分娩，虽然产程要比剖宫产来的长得多，但孩子一出生，产妇大多恢复得比较快，体质好的产妇上午生产，下午就可以下床走动了，大小便自如，饮食、生活也很快恢复正常，可以有多余的精力照顾宝宝。而剖宫产的死亡率是顺产的 6 倍，即使没有任何适应症地选择剖宫产，死亡率也是自然生产的两倍以上。剖宫产相对恢复比较慢，同时还要承受一系列的痛苦和风险，如麻醉的风险，手术的出血、创伤、疼痛，术后的肠胀气等。

2. 自然分娩住院时间短，母婴产后最多三天就可以出院了，产后还可以尽快进行锻炼，有利于体形的恢复。自然分娩过程中，产妇分泌一种叫催产素的激素，它不但能促进产程的进展，还能促进母亲产后乳汁的分泌，有利于宝宝的生长。

3. 自然生产有助胎儿的健康，还可以促进胎儿的脑部发育。一般情况下，自然生产相对风险较低，胎儿经过产道后能将肺部的羊水挤出，因此一出生就可以自己呼吸了。而且，许多的医学研究也表明，经过阵痛挤压的新生儿，反射反应、感官反应和肌肉的活动能力都会优于剖宫产的新生儿。相对而言，剖宫产则容易造成新生儿呼吸窘迫及肺部并发症。

4. 世卫组织建议剖宫产的比例应该控制在 10％ 到 15％，而在中国，比例远高于此。许多初产妇还是会在没有任何适应症的情况下选择剖宫产，一方面剖宫产手术时间短；一方面担心出现"顺转剖"的情况，那可就惨了，还不如早早地来上一刀。殊不知，我的那些做了妈妈的朋友中，凡是经历了剖宫产的，月子里都经历了伤口护理以及宫缩疼痛的困扰，20 分钟的快速分娩换来的是 20 天的无奈和烦恼。

当然，顺产除了产程时间无法人为控制以外，那恼人的"侧切"（即为了保证婴儿顺利出生，在准妈妈的会阴部做一个斜形切口）也是许多产妇的"命门"。这一点，国外的妈妈们倒是有不少妙招，尽量避免侧切：

妙招 1：孕期会阴按摩。国外的准妈妈们通常会在大约 32 周的时候，每天进行会阴的按摩和锻炼，从而增加肌肉组织的柔韧性和弹性，这对避免侧切很有帮助，就好像一根橡皮筋如果弹性够好，它就不会在极限拉扯后断裂或者出现裂痕。妙招 2：方法也很简单，绷紧阴道和肛门的肌肉，每天差不多做 200 次，每次 8 ～ 10 秒。也可以试着在小便的时候收缩肌肉，停顿一下。这些小运动在顺产以后也可做，能有效并快速地恢复会阴的弹性。 妙招 3：和医生沟通。为了让自己不至于糊里糊涂地被"切上一刀"，事先和医生的沟通就很有必要，告诉医生你希望尽量避免侧切。 妙招 4：孕期控制饮食。怀孕期间控制饮食、避免胎儿头部过大，不但可以使产程较为顺利，也可以尽量避免侧切。

【来自汝医生的答复】

是否能顺产由哪些因素决定？

是否顺产取决于以下几个因素：胎儿的大小，产妇骨盆条件、宫缩情况，以及产妇精神状态和体力。骨盆的状况无法改变，我觉得如果希望自然分娩，应该把侧重点放在严格的体重控制（争取把新生儿体重控制在3.3公斤以下）、日常活动和体力准备等方面上。

发生哪些情况，产妇必须要去医院准备生产？

1.破水，无论是否伴随宫缩。

2.如同月经一样的阴道活动性出血，而不是血性黏液，即便没有宫缩。

3.规律宫缩，1小时至少7次，并有逐步增加的趋势。

4.胎动减少一半以上。

无痛分娩是什么？会有腰痛等副作用吗？

目前说的无痛分娩在医学上称为"分娩镇痛"，是使用各种方法使分娩时的疼痛减轻甚至消失。分娩镇痛可以让准妈妈们不再经历疼痛的折磨，减少分娩时的恐惧和产后的疲倦，让她们在时间最长的第一产程得到休息，节约下足够的体力以便在宫口开全时，有足够力量完成分娩。

目前的分娩镇痛方法包括非药物性镇痛和药物性镇痛两大类。非药物性镇痛包括导乐（即指导孕妇进行顺利自然分娩的女性）介入的精神安慰法、呼吸法、水中分娩以及电刺激等方法，其优点是对产程和胎儿无影响，缺点是镇痛效果较差；药物性镇痛包括笑气吸入法、肌注镇痛药物法、椎管内分娩镇痛法等。"硬膜外麻醉下的减痛分娩"是迄今为止所有分娩镇痛方法中效果最明显的，这种操作必须由有经验的麻醉医师进行。麻醉医师在腰椎间隙进行穿刺成功后，在蛛网膜下腔注入少量局麻药或阿片类药物，并在硬膜外腔置入一根细导管，导管的一端连接电子镇痛泵，由产妇根据疼痛的程度自我控制给药（麻醉医师已经设定好了每小时的限量，不必担心用药过量），镇痛泵可以持续使用直至分娩结束。在整个过程中，麻醉药的浓度较低，相当于剖宫产麻醉时的1/10～1/5，可控性强，安全性高几乎不影响产妇的运动，产妇意识清醒，能主动配合、积极参与整个分娩过程。这种无痛分娩法是目前各大医院应用最广、效果比较理想的一种。

在给产妇施行分娩镇痛麻醉时，要在不影响产程和胎儿安全的原则下，严格、精准地给予镇痛药物，不影响子宫规律性收缩即可阻断分娩时的痛觉神经传递，从而达到避免或减轻分娩痛苦的目的。"无痛分娩"并不是整个产程无痛。处于安全的考虑，目前国内多数医院的分娩镇痛是在宫口开到2～3cm时进行椎管内阻滞。产妇的精神状态若是紧张、恐惧、焦虑、信心不足，也会增加对疼痛的敏感度，因此，做好精神上的准备也是减轻疼痛感的一个好方法。

不管用什么方法都很难做到"绝对不痛"，只是让难以忍受的子宫收缩阵痛变为可以忍受，或只是感受子宫收缩而不痛。

这项技术已经在欧美广泛应用，尽管也有一定的副作用（一过性低血压、产程延长、尿潴留等），但无痛分娩时用药剂量极低，因此进入母体血液、通过胎盘的量微乎其微，对胎儿几乎不会造成什么影响。总体而言，安全性是得到临床验证的。穿刺所造成背部局部软组织及韧带的损伤是微小的，只有很少产妇有轻微局部不适或后背隐痛，但是极少会持续。

怎样的情况称为胎位不正？有什么方法可以调整？

对于自然分娩而言，理想的胎儿位置是"大头冲下"的头位，最好是胎儿面向一侧或者面向妈妈后背，也就是胎儿背部朝前，这样更加有利于入盆并完成分娩。最常见的异常胎位为臀位、枕后位（胎儿面部朝向妈妈腹壁），横位和颜面位较少见。

如果是臀位怎么办？可以做如下尝试：

1. 胸膝卧位：即孕妇保持头低臀高姿势。做胸膝卧位前应解小便，松解裤带。孕妇可跪在硬板床上，胸部垫一个枕头，前臂上屈，头部放在床上转向一侧，臀部与大腿成直角。每日2～3次，每次10～15分钟，5～7天为一个疗程，一周后复查。这是一种借胎儿重心的改变，增加胎儿转为头位的机会。最好是在宝宝活动的时候采取这个体位，以增加转正的机会。

2. 外倒转术，一般可在妊娠35～37周以后，到医院由医生通过手推等动作倒转胎儿。此法需要专业技术，孕妇不可在家自行操做。不过，目前掌握这项技术的医生也属于稀缺资源了。

至于枕后位，在临产时通过B超和体检加以确认后，可以通过在有效宫缩下，采取医生建议的有针对性的侧卧、起床走动、跪撑体位等来将其转正。而横位等在临产时候不能纠正的，应及时剖宫产终止妊娠。

哪些情况必须需要剖腹产？

剖宫产的适应症有：

1. 难产

（1）头盆不称：是指骨盆入口平面狭窄。通俗的讲是指胎儿相对于产妇的骨盆入口过大。

（2）骨产道或软产道异常：骨产道异常，比如有尾骨骨折过的孕妇，可能尾骨尖上翘，使有效的产道变窄。软产道异常，如较严重的阴道发育畸形、瘢痕狭窄等，或妊娠合并直肠或盆腔良、恶性肿瘤梗阻产道。

（3）胎儿或胎位异常：比如臀位、横位等。

（4）脐带脱垂。

（5）胎儿窘迫：指胎儿宫内缺氧。

（6）由于前次剖宫产或较大的子宫肌瘤剔除所导致的疤痕存在。

2. 妊娠并发症：比如重度子痫前期、子痫、前置胎盘、胎盘早剥等。

3. 妊娠合并症：比如某些子宫肌瘤、卵巢肿瘤等；某些内外科疾病，如心脏病、糖尿病、肾病等等；某些传染病，如妊娠合并尖锐湿疣或淋病等。

4. 珍贵儿：此为相对剖宫产指征，如产妇年龄较大、多年不孕、多次妊娠失败等。

剖腹产会有哪些基本的步骤，"二胎"妈妈在剖腹产后可以顺产吗，要注意的有哪些方面？

"一次剖宫产，次次剖宫产"的主张，已经在中国医学界延续多年，这种观点在很多人的脑子里根深蒂固。但实际上，已有大量临床研究资料显示，剖宫产后选择阴道分娩不但可行，而且随着医生、助产士团队的经验更加丰富，流程得以更加完善，并发症等危险得到最大程度的控制，安全性和成功率都有提升。如果你面临"尝试剖宫产后的自然分娩"（TOLAC/VBAC）这种情况，该如何选择呢？可以从这几方面考虑：

• 本次妊娠的预产期距离前次剖宫产最好在 19 个月以上。简单地说，剖宫产一年后可以考虑再次怀孕。（但是如果不介意第二次剖宫产，那么产后 6 个月就可以停止避孕了）

• 有过两次剖宫产的，原则上不推荐尝试"剖宫产后的自然分娩"。

• 如果你有过自然分娩，然后又因为医疗需要接受剖宫产，那么第三胎自然分娩成功机会就很大。

• 如果存在骨盆畸形狭窄而导致第一次剖宫产，或者你的第一次剖宫产是因为阻塞性分娩、试产失败（如头盆不称），那么此次胎儿体重和第一胎相仿的话，再次失败的风险很高。但是如果第一次剖宫产前宫口扩张超过 5cm，此次预估的胎儿体重小于前一胎，那么还是可以尝试一下。

• 如果第一次剖宫产是因为臀位、胎儿宫内窘迫、胎盘因素、脐带因素等，只要胎儿预估体重不大，完全可以考虑经阴道试产。

• 决定是否尝试剖宫产后的自然分娩，应该和你的医生仔细讨论，进行检查评估（包括超声检查前次剖宫产后的子宫疤痕有无异常、胎儿的体重预估等）后再做决定。另外一个值得考虑的因素是，国内常规进行"尝试剖宫产后的自然分娩"的医院只有和睦家、美华等外资医院，由于其用药、临床处置有特殊性，即便是声誉良好的三级甲等专科医院，他们的团队培训、运作流程、经验都在还积累起步阶段。这点应该和你的专管医师开诚布公地讨论。

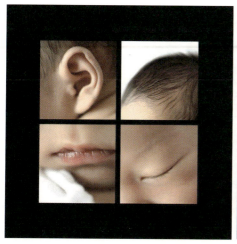

2014 年 11 月 22 日
产前课程不可少，产后育儿知识很重要

今天是我第二次来医院的"蒙古包"里上产前课了，给我们上课的是妇产科的助产师，她在国内外的许多医院工作过，已经有十几年的工作经验了。产前课程是每个医院按照自己的特点安排的，主题和内容都不太一样，有的注重顺产的呼吸方法，有的注重新生儿的护理方式。在这里，产前辅导课一共两次，每次两节课，为我们讲解的助产师比较注重的是无痛分娩的原理以及母乳喂养的重要性和方法。

自然分娩常被分为三个产程，分娩的痛主要在于第一和第二产程，当然每个人对于疼痛的耐受程度不一样。第一产程是从产妇有规律的子宫收缩开始到宫口开全。这时候，下腹、腰背都会出现紧缩感和酸胀痛，甚至放射至髋部。而"无痛分娩"就是让麻醉在这一阶段开始发挥作用，但孕妇仍然能感受到宫缩，在医生的指导和帮助下用力生产。而第二产程则是自宫颈口开全至胎儿娩出为止，这个阶段除了子宫体的收缩带来的痛感以外，胎儿向下对盆腔组织的压力和会阴的扩张也是产妇难以承受的疼痛来源。助产师介绍说，这一阶段的疼痛会像刀割一样剧烈，而且疼痛的部位集中在阴道、直肠和会阴部。最后一个产程则是胎盘娩出，子宫容积缩小，产妇会一下子感到松懈，产痛明显减轻了不少。听完了助产师的介绍，我最深刻的感受是：如果身体条件以及宝宝的体形和位置都不错，而产妇又对自己的耐受程度不是很有把握的话，"无痛分娩"真是如同天使般的发明啊！

"母乳喂养是顺产以后最大的挑战，没有之一。"前几天，台里一位刚生完孩子的主持人一见我便脱口而出，这让我不解。最痛的难道不是她经历了一天一夜的生产之痛，而是开奶的纠结？她略带"狰狞"的神情让我觉得喂母乳甚至比生孩子还要痛。难道这不应该是电影画面里那些冒着神圣光晕的温馨画面吗？

产前课上，老师开始介绍母乳喂养的注意事项，几张毫无美感的乳头发炎的画面让我开始体会朋友们口中的"开奶"是怎样的。新生儿吸吮妈妈乳头的方式、位置以及产妇怀抱宝宝的姿势都是一门学问，这些都会影响喂养的时长和质量。首先，新生儿出生以后，他的胃只有橄榄大小，在母体中吸收的营养大多都能维持他出生后两到三天的生长，即便是生理上的体重下降也不会对他们造成任何的影响。因此，他们有足够的时间来等待他们的第一餐，也就是初乳。初乳的颜色大多是透明的，和我们通常看到的白色的奶很不一样，它蕴含了丰富的营养，是任何配方奶粉都无法替代的。一般情况下，新生儿出生后两小时，妈妈就可以试着让宝宝吮吸，这也是小小的他学会的第一件事情。

催产师介绍了几个相对比较轻松的哺乳姿势：

1. 侧躺喂养：让宝宝躺在妈妈身体一侧，妈妈用前臂支撑着他的背，让颈和头枕在她的手上。如果是刚刚从剖宫产手术中恢复的产妇，那么这样是一个很合适的姿势，因为这样对伤口的压力很小。如果妈妈觉得用前臂支撑比较累，也可以用小毯子卷成柱状，垫在宝宝的背后。只要宝宝紧贴住妈妈的身体就可以了。

2. 摇篮喂养：这是我们最常看到的姿势，但对妈妈手臂力量的挑战很大。妈妈要用手臂的肘关节内侧支撑住宝宝的头，使他的腹部紧贴住自己的身体，用另一只手支撑着的乳房。因为乳房露出的部分很少，将它托着哺乳的效果会更好。

3. 橄榄球式喂养：橄榄球一样的抱姿适用于那些吃奶有困难的宝宝，或者是双胞胎同时喂养，这有利于妈妈观察孩子，在孩子吃奶的时候可以调整他的位置。让宝宝躺在一张较宽的靠垫上，将他置于妈妈的手臂下，头部靠近妈妈的胸部，用手指支撑着他的头部和肩膀。然后在孩子头部下面垫上一个枕头，让他的嘴能接触到乳头。

在宝宝含乳头的时候，妈妈也要帮助他做一些引导，不然，时间长了，妈妈的乳头很容易被饿坏了的小宝宝咬破，那可就受罪了。首先，碰碰宝宝的嘴唇，让他嘴张开。嘴张开后，将宝宝抱在胸前，使宝宝的嘴在乳头和乳晕上，腹部正对自己的腹部。尽量让宝宝把整个乳晕都含在嘴里，这样会减少他吮吸时对乳头的单一拉扯。如果宝宝吃奶的位置正确，他的鼻子和面颊应该接触乳房，并且和乳房保持垂直。新生婴儿每次大多需要吮吸一侧乳房 20 分钟左右，这不仅是为了刺激妈妈泌乳，同时也是为了让刚学会吮吸的宝宝有足够的时间"用餐"。产妇下一次开始哺乳的那一侧乳房，必须是上一次结束的那一侧，这样才能保证两侧的泌乳平衡。通常医生并不建议产妇用吸奶器，一方面是因为吸奶器与宝宝吮吸的方式有所不同，对乳腺有一定的伤害；另一方面是因为在哺乳时，宝宝与妈妈会有交流，这样会增进母子的感情，而妈妈泌乳的量和次数也会渐渐地和宝宝同步。

【来自 Audrey 的贴士】😄
育儿读物看起来！

"卸货"只是一个开始，一辈子的牵挂从宝宝出生的那一刻拉开序幕。所以，育儿读物不可少。我个人觉得，书不宜多，经典的备上几套就可以了。有些手机的育儿 APP 像是"宝宝树孕育"也是很不错的，可以让妈妈带孩子的同时，抽空短时阅读。

《育儿百科》是一本非常畅销的育儿书，我的新妈妈朋友们几乎人手一本，它的作者是日本著名的儿科专家松田道雄教授。这本书梳理了育儿理念，告诉新爸爸新妈妈，如何给婴儿爱，而不仅仅是喂养；还从孩子的立场出发，告诉父母如何去尊重孩子、尊重孩子的选择。这是作者育儿理念中最精华的部分。这本书从所谓的"婴儿诞生前"一直写到孩子上小学，共分 651 章。厚厚的一本，像是字典一样，基本涵盖了宝宝成长过程中会遇到的所有问题。相比另一本《西尔斯亲密育儿百科全书》，它更加适合东方人的思维以及教育方式，站在孩子立场上考虑育儿问题，培养他们的兴趣，陪伴他们成长。

"崔玉涛图解家庭育儿"系列图书特别适合中国的新妈妈们，没有太多的医学术语，书里的动画形象简单、通俗易懂。崔玉涛医生总结了自己 27 年的儿科临床经验，并收录了自己与 300 万粉丝的互动内容，根据家长们的思维方式，按照他们最关心的问题分类。这一系列图书一共 8 本，包括直面小儿发热、母乳与配方奶粉喂养、直面小儿腹泻、直面小儿过敏、小儿营养与辅食添加、小儿疫苗接种、直面小儿护理和小儿生长发育等内容。书里面的不少内容，都是"粉碎"老一辈"古法育儿"的利器哦。

4

新生命到来

这是我凭回忆写下的日记，宝宝出生后，忙得我根本没有时间坐下来好好写日记，仅有的空闲时间全都用来和宝宝同步睡觉了。但那些情景，无论过多久，我都会记忆犹新。

12月19日，孕37周零3天。
天使降临

我的手机上写着："足月了！不能再乱逛了！生孩子前最后一件必须做的事情，下周一去补眼睫毛！"为了在生产的时候尽可能做一个漂亮的妈妈，我算准了日子做了一张"to do list"，其中一条便是足月后去做指甲护理和补睫毛，化着美美的妆去生孩子不太现实，但我也不能第一次和我的宝宝见面就蓬头垢面的吧，必须尽力捯饬！

我的微信里写着："Karina相邀20日去外滩悦榕庄吃Brunch。"我心想，那么多美食当前，我可要守住最后的防线呀。上次产检，汝医生根据我的检查结果，再加上我和先生的身高体型做参照，预估了宝宝40周时的体重已经爬上了7斤。最后关头了，额头上一定要刻上个"忍"字。

W先生的记事本上写着："20号开始休假陪太太，直到1月5日预产期。迎接我们摩羯座的小George。"

就这样，我们开始休假，开始不乱跑，决定从20号开始，在家里"闭关修炼"，等待1月5日预产期的到来。

20日凌晨3点半，我又莫名奇妙地醒了。从7个多月开始，我便开启了半夜自动醒来的模式。我没有任何的不舒服，笨重地挪了挪身子，努力酝酿让自己继续入睡。10分钟以后，尝试失败。屋子里好安静，W先生因为怕自己睡相不好踢到我，已经在客厅的沙发上睡了好几个月了，我独自一人在卧室里，清醒的都能听到隔壁房间妈妈的鼾声。我肚子里的小宝宝好像也醒了，还猛踢了一下我，害得我又想"嘘嘘"了。我像个泥鳅一样扭到床边，手撑着床，慢慢起身坐直。我走了两步，快到厕所门口的时候，毫无控制能力地尿裤子了。正在我唏嘘自己怎么已经到了生活无法自理的状况时，裤子又湿了一大片，甚至连地都是。这时候，我开始怀疑自己是不是羊水破了。

我坐在马桶上，迟疑了一两分钟，似乎没有明显的疼痛反应，也没有出水的感觉。"不要自己吓自己，还有三周多呢，怎么会那么早呢……"我像个小老太太一样，头发乱糟糟的，睡眼惺忪，还对着肚子自言自语。

隔壁的鼾声依旧响亮，我给自己下了判定书："月份大了，失禁了。" 接着，我决定起身洗个澡，把这件丑事藏在肚子里，明天谁也不告诉，就当什么事也没发生过，继续睡觉。

我对自己的决定很满意，暗自赞叹着自己精明的小算盘时，正要起身，天呐，见红了！和很多书上所描述的一样——淡红色！

这下爱岗敬业的摩羯座要晋升为天真浪漫的射手座了！ 我对这个突如其来的"提前发动"完全没有准备，12月里的凌晨，湿了一大片的裤子让我紧张得浑身发抖，心跳加速。

"破水了！破水了！"我丝毫不给家人任何的心理准备，直切主题。

W 先生后来告诉我，他那一刻听到"破水了"三个字的时候，感觉魂魄都飞出去转了一圈。像是明明约好了1月份才到的快递，提前三周招呼也不打就来了，这简直太违背 W 先生一贯准时准点的作风了。他原本还想潇洒地休息两周，慢条斯理地等待预产期，这下倒好，小 George 看准了大家都准备好了，提前"驾到"了。

我平躺在床上，像个指挥官一样操纵着手下的两名"得力干将"："生产包已经好了，在地下室，把冰箱里的巧克力拿上就可以走了。" "照相机昨天刚充了电，插上记忆卡就 OK 了。" "冰箱里的蜂蜜拿出来，泡一杯浓浓的蜂蜜人参茶，一会儿路上喝，可以帮助宫缩。" "带上浴室的大浴巾，垫在车后座上，车就不会弄脏了。" "好！好！基本上就这些了，你们好了，我就可以起来出发了。"

发布完这一连串的指示，我不那么紧张了，身体的每个细胞似乎都严阵以待，准备迎接这个和妈妈一样急性子的小朋友。 车行 40 分钟后，我们到了和睦家医院，这时候已经是凌晨 5 点多了。 我不忍心打电话给汝医生，心想着若是他的每个孕妇都这么半夜打电话给他，他一定会精神崩溃的。好在妇产科急诊的值班医生和护士都十分专业细致，帮我做了一系列的检查和准备之后，确定我是要"卸货"了。我熬到了 6 点，看天快亮了，这才给汝医生打了电话，请他来帮我接生。

电话那头，汝医生显然还没完全醒，我有些歉意。"不用紧张，刚才护士已经告诉我你的状况了，破水了，宫缩并不是很明显，现在是 6 点，我 8 点上班，估计你会在 12 点左右生吧，通常羊水破了会快些，我现在请助产师帮你注射催产素，这会帮助你规律地宫缩，减短生产的时间，痛苦也会少一点。"

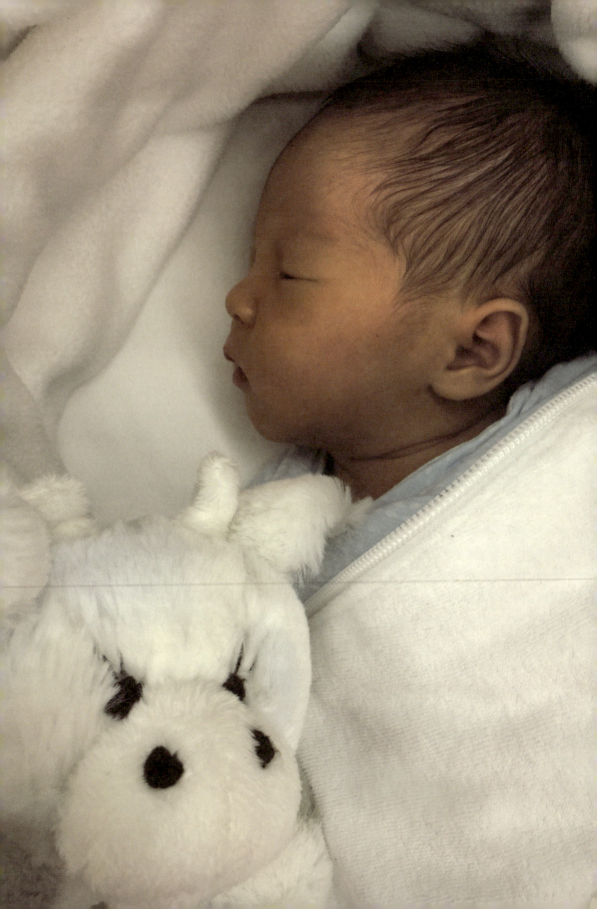

"哦，哦，好，好的。"我的回答很简单，而心里想着：还要等两个小时，天呐，汝医生来了，我才能放心。这是我头一次对一个医生如此信赖，如此期待，把自己的生命和孩子的生命都托付在他的身上。

"还有两个小时，我现在需要做些什么吗？"我开始询问助产师。和睦家的顺产室像一个放着病床的起居室，我躺在床上，房间另一头的沙发上坐着我的家人们，并不像影视作品里的那些冷冰冰的产房，反倒感觉挺温暖的。

"刚才我们已经为你验了血，指标都正常，现在你的宫口已经开到三指了，一切都很顺利。你可以带着胎心监护仪下床走走，走廊里、病房里、休息室，你都可以去，这样可以帮助你放松心情，有助于更好地生产。我们会监测你的宫缩和胎心的变化，如果你觉得疼，也可以在健身球上坐一会儿，它可以帮助你减少疼痛。"助产师的声音软糯，像是镇静剂一样安慰着我。

"好的，谢谢你们，我希望无痛分娩，麻烦你能通知医生和麻醉师吗？"我知道自己一定需要靠药物来帮忙，必定不会忘了这一茬儿。

"行，你放心吧，我们的麻醉师一会儿就到了。"

我的心情平复了不少，开始在产房外的走道里溜达，这时候的宫缩并不明显，大约是6到7分钟一次，也没有明显的痛感。我像是个主人家款待客人一样，询问来陪伴我生产的家人要不要喝饮料，是不是饿了，刚才那个紧张发抖的我已经不见了。

一个小时以后，我走得有些无趣了，凌晨的妇产科仅有我们三个临产的大肚子在走道里晃来晃去。我躺下，开始扳着手指头等待传说中的大风大浪。

"老刘，你好呀，现在情况怎么样啊？"这是我期待了一早上的声音。汝医生自从第三次产检就给我冠上了"老刘"的称号，估计每个孕妇到了他这里都成了"老"字辈的女人了。虽然有些不习惯，但听着挺亲切的。特别是这时候听到他这么一句，心里一下子踏实了。

接着，麻醉师也来了。

"你好，是刘舒佳，对吗？"
"是的。"

"我是麻醉师，现在给你做硬膜外麻醉。现在请你尽量弓起身子，额头往膝盖的方向努力靠，像是一只虾的样子，可以吗？"

我按照她的指示，努力地弯着身子，可这并不容易，因为在我的膝盖和我的额头之间还有一个硕大的肚子。

"还可以再弯一点吗？"麻醉师用手按压着我的脊椎，找寻适合下针的位置。

一旁的Ｗ先生使劲儿的帮我拗着"虾头"和"虾尾巴"，可似乎没什么用。这时候，我开始担心麻醉针会不会疼，手也不由自主地开始蜷缩成了拳头。先前注射的催产素也开始发力了，我的宫缩开始明显了，这种感觉像是下腹部有千万根线撕扯着勒住了子宫壁，然后在同一时间往子宫的中心拼命地拉。我一把抓住先生的手，身体开始出汗。

"好，我们现在开始做麻醉注射的准备工作咯。"我感觉先是被一根针扎了一下，并不疼，反倒有点麻麻的，接着，似乎有个硬硬的小管子被慢慢地推进我脊椎里。

"现在觉得疼吗？是酸酸胀胀的感觉还是疼呢？"麻醉师一边放注射用的管子，一边询问我的感受。

排山倒海的宫缩疼痛刹那间袭来，我已经无暇顾及脊椎上的这个管子了，憋了半天，挤出了一句"还好"！我躺在那里，Ｗ先生坐在床沿上，紧握着我的手。每一次宫缩，都像是要了我的命，肌肉的收缩慢慢变成了骨骼关节的拉伸，我毫无顾忌地把疼痛传给了他。现在想来，他也挺受罪的，握紧他的手是我释放情绪唯一的方式，可他却只能眼睁睁地干着急。

"我们现在要做一下调整，你的大血管离管子太近了，这样会有危险，调整完了我们才能开始注射。"我猜想或许是我腰椎的问题，使得我根本没法把身体弯到医生要求的程度，所以对注射麻醉产生了影响。

"那……还要多久……"我像是一个快要牺牲了的战士一样，等着冲锋号响起，把我解脱出来。

"不能急，你再尽力弯一下好吗？"我已经开始失去耐心了，宫缩已经有半分钟一次了，可麻醉还没有搞定，我紧闭着眼，模模糊糊地听着医生和麻醉师的讨论，恨不得这一刻医生给我快活地来上一枪，让我立即停止所有的痛苦。

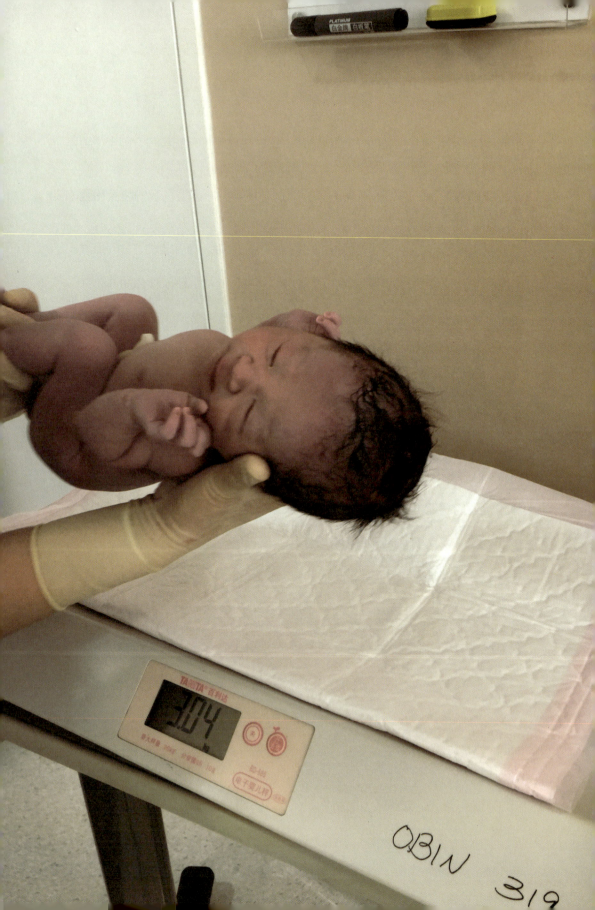

"轰"的一声，我听见像是床头柜倒了。不，是 W 先生晕过去了！我已经疼得没了方寸了，根本不知道该怎么办。"你别动，你别动，你先生晕倒了。"麻醉师的口气一下子紧张起来。"你躺着别动，我们先去救你先生了。"

我依旧在床上蜷缩得像只虾一样，若是宫缩有十分的疼痛，我估计自己已经到了那十分的临界点了，我用尽力气，也只能应一声"嗯"。接着，隐约听见医生和护士们把先生抬到了一边的沙发上。有那么一瞬间，我很想和肚子里的小家伙说："看，你再不出来和我们见面，我们可都要晕过去了。"

我对 W 先生的体质向来很有信心，万万是用不到"救"这个字的，且等着他回来，我好用笑话去打趣他一辈子。

W 先生事后提到这个场景的时候都会笑着脸红，说是看到注射麻醉针都那么痛苦，实在心疼我，都不敢往下想生孩子的痛苦。再加上凌晨从家出发，兴奋紧张了那么久都没有吃东西，支持不住，脑子就"断片儿"了。

"你先生没事，在外面的休息室里了，你放心吧！"护士回到我身边，麻醉师开始为我注射，我已经能感觉到宝宝硬硬的小脑袋在使劲往外顶了，后腰的酸疼像是要把骨骼都撑裂了，可身边没一个是自家人，真是孤立无援。两三分钟后，麻醉起效果了，疼痛缓解了，我有些力气说话了："我先生醒了吗？我想叫他来陪我。"那一刻，我感觉到马上就要看到小 George 了，我们一家三口必须在一起使劲儿，这是我唯一的念想。"我来了！我来了！"W 先生脸色还是有点难看，揉着脑袋上那个被桌角撞出的包，摇摇晃晃地飘了过来。"好了，我们要开始使劲了哦，最后关头了。"汝医生总算发令了。我平躺在床上，两只脚按照医生的要求顶在他和护士的腿上，尽量打开，以便给宝宝更多的空间，先生紧握着我的手，像是要把他身上所有的能量传给我，我每一次的呼吸和用力都在催促着我身体里的这个小生命迈出他人生艰辛的第一步。

"很好，很好，很好，我已经看到他的头咯，头发好多哦。"汝医生平时柔声细语的，这是我印象中他第一次提高音量，像是在喊口号。"来了！来了！来了！非常好！"他像一个发报机一样说话，随着我的宫缩，给我鼓劲，"再来一次！吸气！好……用力！"

从怀孕的第一天起，我便开始感叹母亲的伟大与艰辛，而这十个月仅仅只是一个开始，生产时的一次次阵痛如同花朵在成熟时一瓣一瓣地精彩绽放，用尽全身力气吐出花蕊将自己的生命做一个完美的延续。

"好了，刚才的表现很不错，老刘，接下来我们休息一会儿，喝点水吧。"

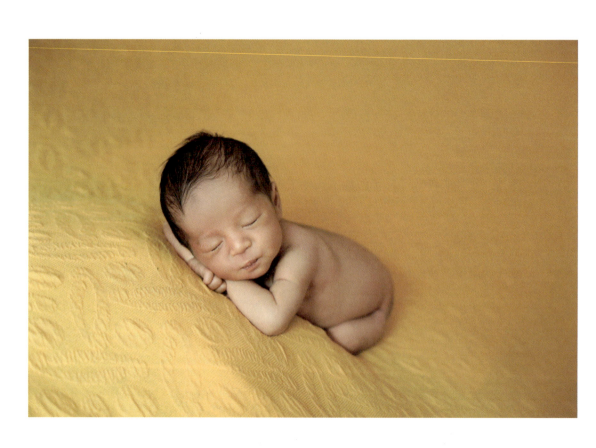

什么？这节骨眼上，汝医生你竟然叫我休息？我没听错吧？汝医生转身拿来一张大大的布，我意识到，接下来的将是我们最后的冲刺了：George，我们就要见面了！

"老刘，你平时经常运动吗？"汝医生手不停，口不停，开始启动缓解情绪的聊天模式。

"以前不怎么运动，孕期的时候动得比较多吧，每天都走路，怎么了？"我的回答有点严肃。"你的生产很顺利哦，算是蛮快的了，要是你是个运动员，说不定更快呢！"

看着医生和护士们这般说说笑笑，我的最后一搏也变得轻松多了。

"好了，我们再来哦，这次要尽量深地吸一口气，用力也持续得长一些，当我叫你呼气的时候，你就持续地呼气，好吗？"

我的脑子响起了一阵小军鼓，铆足了力气深深地吸了一口气，恨不能气走全身，打通所有能发力的筋脉。

"好！用力！"汝医生开始了最后一轮号令。

"用力，用力，用力，坚持！坚持！"

我所有的细胞发动了最后的总攻，持续地推着。

"好！好！好！出来了！出来了！"房间里只听见汝医生的"生产号子"。

"带把的哦，小男孩儿哦！"我感觉到 George 的头终于出来了。我隐约地听见小 George 的哭声，像刚出生的小猫一样，轻轻的，嘴里像是含着什么。汝医生为他吸去羊水，一把把他抱起来，光光的，还没洗就放在我怀里。

W 先生在一旁手忙脚乱地拍照，摄像，剪脐带。我感觉快要昏死过去了，安静地躺着，眼睛只能看见 George 头发凌乱的后脑勺。我已经筋疲力尽了，连硬撑起自己的头去看他的力气都没有了，我用双手感受着他的温度。他温润的皮肤看着很脆弱，像是需要人用一辈子去疼爱一样，舒展开的腿脚又瘦又小，第一次脱离那个小小的"单人间"，来到了这个世界。接着，他的哭声渐渐大了，他是想让爸爸妈妈放心吧。

他是个健康的、快乐的射手座，欢迎你，性子有点儿急的小天使，George Wei！

小 George 的那些"第一次"

小 George 性子太急，月嫂的档期没能接上，我们一家人度过了 2014 年最疲倦的 10 天，我迷迷糊糊地记录着那些我和他的"第一次"。

George 第一次喝奶

小 George 出生后，我们住在同一间病房，他的小床是个透明的塑料盒，紧挨着我的床，里面垫了一块大大的白毛巾。他穿着医院提供的红色小衣服，屁股兜着最小号的尿片都嫌大，眼睛还睁不太开，身体扭来扭去的，像是还不太适应这个新床。我心里想着，再柔软的毛巾也不如妈妈肚子里的"人肉沙发"来的舒服吧。他的小手小脚不时地耸耸，感觉要把蜷缩了近十个月的骨骼好好地舒展一下。

小左阿姨是儿科护士，专门负责照顾 George 和我。她手脚麻利，把 George 包在"蜡烛包"里，看着很暖和的样子。我躺在床上，穿过床架子，正好能看到他的脸，这个喜欢侧着脸睡觉的小家伙对我来说还是有点陌生的，毕竟这是我们第一天见面嘛。他的皮肤红红的、皱巴巴的，鼻尖儿上还有一粒粒的油脂，两只手小的可怜，指甲很长却很薄很软，活像个小老鼠。他不吵也不闹，出生后的几小时里一直在睡觉，医生打趣地说，他还没反应过来，还以为在妈妈的肚子里睡着呢。中午 12 点，我吃上了产后的第一餐饭，总算是酣畅淋漓地饱餐了一顿，再没有顶着胃的感觉，也没有孕吐的难受了，真爽！

下午，小左把睡眼惺忪的 George 抱到我的床上，揉了揉他的背，轻轻地说："宝宝，我们醒一醒哦，要学着喝奶奶咯！"接着她用手指碰了碰 George 的小嘴，他眼睛依旧闭着，可小嘴却神奇地张开了，像小鸟在找虫吃一样，还带着微微的喘气声。"宝宝，你饿了吧，我们要认真学习哦。"小左让我侧躺，刚生产完，孕妇比较虚弱，这个姿势几乎不需要用什么力气。宝宝的衣服差不多都解开了，身体和我贴得紧紧的，说是因为他喝奶的时候就像在做运动一样，会很热，而且这样和妈妈贴着，妈妈的体温也会传给宝宝，他会很有安全感。她用手托住 George 的脖子和后脑勺，帮着他张嘴，含住整个乳头和乳晕。头几下，George 只是用嘴蹭乳头，根本不知道怎么样才能吸到奶，蹭了几下就停了，把嘴收了回去，我有点急："George，你再试着吸吸看呀！"

"妈妈不用急的，开奶需要一点时间的，宝宝的吮吸会刺激产妇泌乳，即使他吸不到什么，只要持续练习，一般 24 小时妈妈就有初乳了。你要注意哦，每 3 个小时左右就要让宝宝试着吮吸，每侧乳房保证 20 分钟，这次结束的那侧乳房就是下次开始吮吸的乳房，这样妈妈才不会奶结。"

我按照小左教的那样，每 3 小时就抱着 George 让他练习吮吸，到了傍晚，他开始有节奏地每间隔 10 秒就吮吸两三下，力气虽然不大，但我明显感觉到乳腺开始有酸酸的感觉了。小左为了让他的学习更有效，还不时模仿婴儿吸奶的声音，他一听到这声音就会努力地继续吸两三下。第二天临晨，我们经过三四轮的训练，小 George 已经吸得很不错了，我开始分泌初乳，透明的，像水一样。看着他闭着眼睛很享受地吸着奶的样子，我也放心了。

小 George 第一次"便便"

"看呀看呀，他大便了哝！像黑芝麻一样的！哈哈！"小 George 的第一次"便便"被外婆在换尿布的时候"活捉"并"现场直播"了。

"让我看！让我看！"我在书上看到过关于胎粪的描述，可还是很兴奋很好奇。书上说胎粪是胎儿在母体吸收营养后的固体排泄物，颜色比较深，大约三四天以后会慢慢从黑色变成墨绿色。

直面 George 的第一坨便便，它看着真的就像一小条芝麻糊，我异常兴奋。看到大便竟然都这么开心，也只有当了妈妈才能理解吧，这意味着宝宝的肠道工作正常，是很重要的指标哦。

小 George 第一次洗澡

与其说是洗澡，不如说是擦身。刚出生的宝宝脐带还没有脱落，因此，护士仅仅只是帮宝宝洗头而已，身体的其他部位都会用湿纸巾或者是纱布帮他擦洗。这个"第一次"是爸爸陪着完成的，产后虚弱的妈妈只好在病房里看着录像里的精彩回放。

画面里的小 George 半梦半醒，头上、身上还有许多白乎乎的胎脂，皮肤看上去很薄很红，他的头发很多，粘着一些硬硬的血痂，看上去很难清理的样子。护士解释说，这是妈妈生产的时候带出来一些血块，时间长了就粘住了，不用担心，出院前基本就能清洗干净了。护士细心地给一旁正在拍摄的爸爸讲解洗澡的要领："宝宝洗头的时候，我们先把水温调好，用手腕根部脉搏的地方去测试水温，温度基本相同就行了。接下来，用手掌托住宝宝的颈部，再用大拇指和食指按住他的两个耳朵。这样，洗头时，水就不会进到宝宝的耳朵里了。洗完头以后把宝宝的头发擦干，再用蘸湿的棉花球轻轻地擦拭宝宝的脸，眼睛的部位由内往外擦就可以了。"因为宝宝的脐带部分还没有结痂，所以容易有分泌物和少量的血渍，护士小心翼翼地用酒精棉签擦拭肚脐的周围，在为宝宝穿尿布的时候也特地把它露在外面，保持通风。整个洗澡的过程，George 并没有大声的哭闹，倒是很享受的样子，不时地伸个懒腰，假笑一下。最后，护士为他涂了防止细菌感染的眼药膏，穿上小衣服，大功告成！

妈妈第一次晕倒

产后的 24 小时，我加起来睡了不到两小时，不知道是兴奋还是荷尔蒙作祟，亦或是小 George 倒时差一般昼夜颠倒的哭闹，让我无法睡着。可神奇的是，我虽然身体虚弱，可一点儿也不觉得困倦，躺在病床上，上半身半坐，还能不分白天黑夜地和护士医生们打照面聊育儿经。第二天的早晨，我觉得身体状态还不错，便坐起来，想要走一走。

可是没成想，自以为是女汉子，其实是个"女棉花"，两只脚踩到地上一站，整个人就瘫软下来，一阵凉凉的汗遍走全身，耳朵除了心跳的震颤，其他什么也听不到。我顷刻间觉得呼吸困难，眼前开始模糊晕眩，像是电视剧里那些虚了焦的特效镜头一样。

W 先生乱了手脚，连呼叫铃的时间都等不得了，冲出病房去叫护士。

"怎么了？"
"我太太晕倒了！"
"赶紧帮我一起把她扶到床上平躺下来。"
"哦！哦！"

W 先生和两个护士一起把我拽上了床，我的呼吸无意识地变得非常急促，像是要用呼吸带动起全身的血液流动一样。

"你能告诉我你现在感觉怎么样吗？"
"感觉血流不到心里！"
这句超级直白的表述，让我至今记忆犹新。

"我来帮你测一下血压，现在你喝几口果汁，补充一点糖分，好吗？"护士依旧不紧不慢，妥妥地为我做着一系列的测试。 我连灌了两杯苹果汁，大约一分钟以后，呼吸逐渐平稳了。

"嗯，你的血压有点低，不过看你的脸色好像恢复一点了。生孩子可是个力气活，下床走动也要循序渐进的来哦。下次，你先慢慢地半躺在床上，喝点果汁，补充一点糖分，觉得差不多了再坐起来。从坐到站最好等个两三分钟，这样身体才能慢慢适应。每个产妇的体质不一样，有些产后马上就能下地走动，有些则要过两到三天，不用着急哦。"

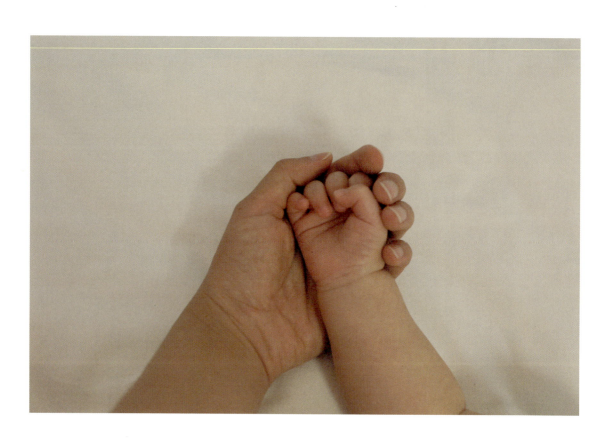

护士每次这样像朋友一样的和我交谈，着实让我心里轻松了不少。这是我有生以来头一次体验晕眩的感受，人生从此又多了一种经历了。看来，下次起床走动需要开启"蠕动模式"。

小 George 第一次握手

每个母亲都会不由自主地去想象孩子未来的样子。在我还没有成为妈妈以前，我曾经做过一个奇怪的梦：一个 8 岁大的小男孩儿向我跑过来，冲着我笑，接着叫我妈妈。我看他的样子和我的确有点像，便问他叫什么名字，他说："我叫未来好！"

因为这个梦，我一度想给 George 起一样的中文名字。我希望我们是最好的朋友，即便有一天他长大了，需要松开我的手独自去探索这个世界，我依然能在他身后默默地注视着他的成长，为小小的他看清前方的道路。

George 出生以后，他每四个小时一次的哺乳时间成了我们之间的欢乐时光。一开始我只是尽量用手托住他的头，身体的其他部位动也不敢动，最初的几次哺乳，肩膀僵硬得都发麻了。新妈妈嘛，总是想着让小宝宝能轻松地用餐。慢慢地，我们从"实习生"成为了"新进员工"，于是，我开始抚摸他的背、他的脸，我总是看不够他：这个陌生而又熟悉的小朋友会渐渐长大，几个月后，他会开始爬，开始长牙，开始无意识地"咿咿呀呀"。几年后，他开始有自己的同学，去动物园，去博物馆，去看看世界。再大些，他会有自己的人生规划，去实现他最初的梦想。夜晚的病房里，我常常这样想着他的将来，抚摸着他的额头。

出院前的一晚，他晋升成为了"年轻的老员工"了，吸吮已经完全不是问题。我也开始半梦半醒地喂他。恍惚间，他用手在空中挥来舞去，我用小手指去逗逗他，他犹犹豫豫地抓住了，纤细的手指皱皱巴巴，刚好抓住我小手指的第二个关节。相较之下，我的手好大呀！没过两三秒，当我刚想拿起手机去拍下这个瞬间，他便松手了。

"George，这算是我们的第一次握手吧。妈妈有时真希望你慢点长大，这样我就可以牵着你的小手，把你长久地抱在怀里，暖暖地呵护你。可这样的希望仅仅只是妈妈小小的私心而已。你的小手一天一天地长大，你会用它去感知周围的细小与巨大，精彩与平凡。等你长大了，妈妈再牵着你的手，听你说那些你的惊讶与发现，好吗？"

【来自李欣医生的答复】

母乳喂养对产妇和新生儿有哪些好处？
母乳是任何乳制品不可替代的优质乳；
母乳喂养有利于产妇恢复身体健康；
母乳喂养有利于增强婴儿抵抗力、免疫力；
母乳喂养有利于婴儿消化和健康发育；
母乳喂养有利于增进母子情感；母乳喂养经济实惠；
母乳喂养方便快捷；母乳干净、安全；
母乳喂养可减少婴儿过敏现象；
母乳喂养可降低女性患卵巢癌、乳腺癌的机率。

为什么初乳的营养价值高呢？
初乳中含有能增进免疫力、促进细胞分裂等的多种营养成分，最重要的是含有人体不可缺少的免疫球蛋白。占初乳免疫成分80%的免疫球蛋白，是对抗各种感染的自然抗体。由于新生儿的免疫系统还不成熟（新生儿的免疫力系统在出生5个月之后开始形成），自身免疫能力低下，所以，只能靠初乳来获得免疫功能。我们过去的研究标明，初乳中蛋白质含量很高，认为孩子早期的营养相当的重要。但现在看来，完全不是这么回事，早期的初乳中蛋白质很高，这个是没有错的，但是其中的绝大多数蛋白质是不能被孩子吸收的。那最重要的是什么？就是我们说的抗体。所以，初乳给孩子提供的更多的是抗体。抗体是什么？大家一般称为免疫球蛋白A，它本身就是蛋白质。抗体的作用是保护孩子抵抗疾病，这个作用是很难被替代的。因此，不要挤掉初乳，产后请及早给你的小宝宝哺乳。

为什么喝母乳的新生儿还要同步补充维生素D？
母乳中维生素D的含量非常少，因此母乳喂养的婴儿需要每天服用400iu维生素D3，无需补充钙，因为母乳能够提供足够且高吸收率的钙。钙等微量元素补充过多，不仅可能出现过量反应，还会影响其他微量元素的吸收。

新生儿出生一周内的排便量怎样才算正常？母乳和配方奶喂养是否排便量也有区别？

新生儿一般出生后6～12小时会排出墨绿色胎便，这种墨绿色的胎便，一般持续2～3天，随着母乳或者配方奶的加入，胎便慢慢排清，颜色也会慢慢变浅。新生儿出生2～4天后，宝宝的大便颜色慢慢由墨绿色变到黄绿色，这种大便叫做"过渡大便"，表明宝宝已经开始消化最早吃到的母乳或配方奶，宝宝的肠道功能运转正常。当胎便排清，宝宝的大便颜色会进入金黄色的正常阶段（母乳喂养的宝宝）。如果宝宝是纯母乳喂养，大便会是糊状或凝乳状，颜色是金黄色或有点儿发绿。由于母乳中含有丰富的寡糖，能够充分刺激肠胃蠕动，因此大便次数偏多。如果是配方奶喂养的宝宝，大便颜色会呈淡黄色，比较干燥、粗糙一些，每天约1～2次。

绿色的大便是怎么回事？

宝宝拉绿色大便表明肠道对食物消化的不完全，有以下几种原因：1. 肠道本身的疾病或全身的疾病，导致胃肠功能受到影响，消化吸收功能不良，形成绿色大便。2. 宝宝食入食物过多或过杂，超出了胃肠道消化的能力，也会形成绿色大便。3. 吃含有铁质奶粉的宝宝，若不能完全吸收奶粉中的铁质，大便也呈黄绿色。

新生儿黄疸如何护理？怎样的情况需要留院观察？

新生儿出生后2～3天出现的黄疸，称生理性黄疸。只要出生五天后，新生儿黄疸指数不超过290mmol/l（17mg/dl），就没有必要到医院接受照光治疗。出生一周内新生儿的黄疸水平是否需照光的指征，与出生后的日龄有关。不要因为存在不严重的黄疸，就轻易暂停母乳喂养，轻易接受不该接受的奶粉，轻易服药退黄。多吃奶多排便，就可促使胆红素快速排出体外，同时多晒太阳可促进黄疸消退。

多少度的室温比较适合新生儿？

适宜并相对恒定的室温，对新生儿来说非常重要。适宜的环境温度是24～26度，一般保持在25度左右。

宝宝出生一个月，母乳和配方奶的量和喂养的频率分别是怎样的？

母婴产后稳定即可开始母乳喂养，越早越好。一个月内的宝宝，母乳喂养，白天多为每2～2.5小时一次，夜间则每3小时一次。坚持母乳喂养一定要到婴儿体重下降超过出生体重7%～10%的时候，才可以补充配方奶。

自然分娩产下的宝宝刚出生时头型会有些偏，大约多久会恢复？这个现象普遍吗？自然分娩的新生儿头部经过产道的挤压，可出现暂时性的头型改变，不需要任何处理可自行恢复正常，不用担心。对待婴儿头型，首先考虑"对称"。不论是平卧，还是侧卧，一定观察头型是否对称。最常见的偏头、歪头，引发原因多是斜颈。如果婴儿今后喜趴着睡觉，头侧卧为常态，则容易出现头前后径明显长于左右径。是否需要通过平躺睡眠改变头型，完全取决于家长对头型的认识。建议多种姿势睡眠。

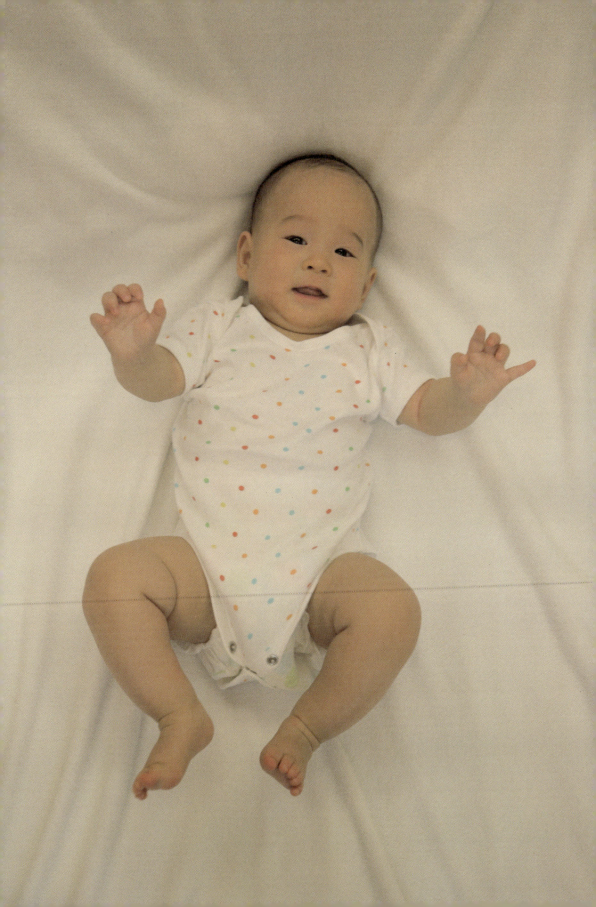

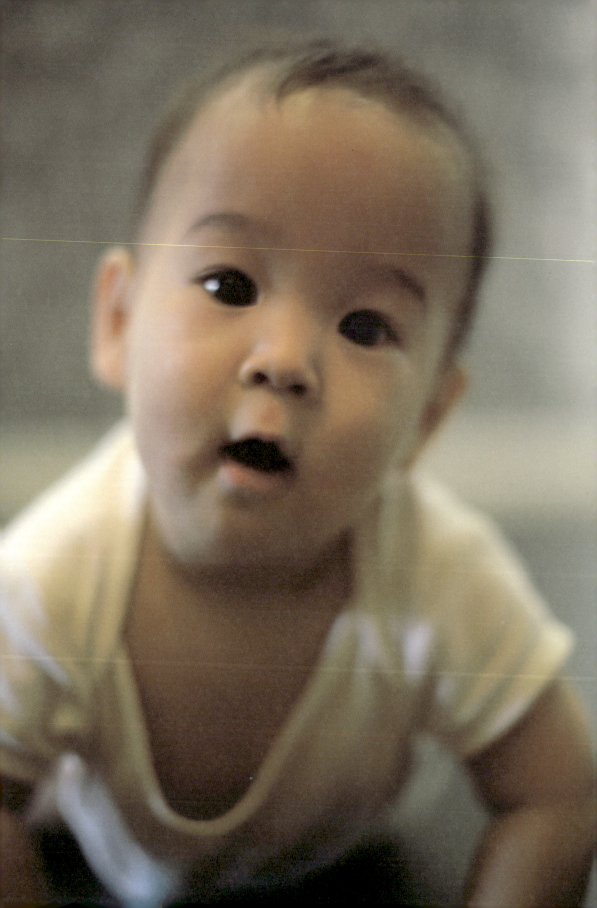

奶癣是怎么形成的，如何避免？用含有激素的药膏对宝宝的健康有影响吗？
婴幼儿湿疹俗称奶癣，是一种常见的、由内外因素引起的过敏性皮肤炎症，过敏是引起湿疹的常见原因。去除过敏原才是避免婴幼儿出现湿疹的关键。牛奶过敏是婴幼儿过敏的首要原因，这与宝宝出生后，过早或多或少地接受过婴儿配方奶粉有关。严重的湿疹可以局部使用激素药膏治疗，短时间使用对皮肤无伤害。

为什么宝宝在第一次体检时就需要检查髋关节？如果有问题该如何处理？
宝宝第一次体检时需要检查髋关节，尤其臀位剖宫产和家族中有髋关节发育异常的新生宝宝。医生体检时会检查宝宝双侧腿纹是否对称；平躺时并齐双腿，观察是否等长；扶住双膝关节向外旋转，双髋关节是否有"咔嚓"声。很多正常婴儿腿纹不对称，特别是较胖婴儿，所以不能仅以腿纹不对称而轻易下结论。怀疑有问题，可通过B超检查髋关节发育情况，必要时请儿童骨科医生确诊。

什么是生长曲线？宝宝的指标怎样才算健康？
世界卫生组织（WHO）公布了在世界不同地区的6个国家，对母乳喂养的正常婴儿连续检测5年获得的婴幼儿正常生长发育曲线，而且对男婴和女婴分别进行了描绘。生长发育曲线是通过检测众多正常婴幼儿发育过程后描绘出来的，整个曲线由若干条连续曲线组成，最下面的一条曲线为3%，意思是将有3%的婴幼儿低于这一水平，可能存在生长发育迟缓；最上面的一条曲线为97%，意思是将3%的婴幼儿高于这一水平，可能存在生长过速。这两种情况都应该引起关注。中间的一条曲线为50%，代表平均值；另外，还有15%和85%等曲线，提示在正常曲线中的不同水平。我们经常谈及的正常值，应该是3%～97%涉及的范围。家长需要注意的是，任何时候，都会有近50%的孩子生长发育指标高于正常值，50%左右的孩子低于正常值，刚好在平均水平的孩子为数极少。所以，千万不要以"平均值"作为自己心中可以接受的最低限度。

婴儿接种疫苗需要注意些什么？
疫苗接种后婴儿护理一切如常，如出现发热，需进行物理＋药物降温。一般不会出现异样情况。

婴儿是不是应该在满月后就断吃夜奶的习惯？
母乳喂养的宝宝大都遵循按需喂养，宝宝饿了就给他吃。所以，新生儿往往有吃夜奶的习惯。但宝宝四个月后，吃奶的间隔时间逐渐增长。吃夜奶对宝宝和妈妈来说都是个不好的习惯，所以妈妈要有意识地逐渐帮助宝宝戒掉夜奶。

不少婴儿护理书籍中提到可以让宝宝趴着睡，这样的好处有哪些？是否也会有不利因素呢？
婴儿趴着对神经、肌肉的发育有明显的正性作用。但还是建议婴儿满三个月以后再趴着睡觉，以预防因小婴儿肌张力低，俯卧睡眠有可能造成的窒息。清醒状态下趴着，没有时间限制，以婴儿适应状况而定。既不要担心婴儿趴着时会压迫心肺，也不要为了让孩子趴着而引起孩子哭闹抵抗。孩子之所以喜欢趴着睡，是因为趴着睡会舒服。而对于三个月的婴儿，趴着睡很可能是因为腹部不适，多是因婴儿肠绞痛引起。肠绞痛与胃肠发育不良以及牛奶耐受不良、过敏等有关。虽然，趴着睡对心、肺和发育无不良影响，但还是应寻找原因，使孩子睡得更加舒适。家长不要担心，只要在大人看护下，趴着睡不会对婴儿造成伤害。

恢复体重其实并不难，
合理配搭月子餐

产后的三天，我是在医院度过的，除了参与一系列的检查之外，我的主要工作就是躺在床上"吃"。由于在孕期时饮食控制得还不错，我在产后的第一天，体重就恢复到了生产前的状态。于是，我便顶着哺乳需要营养的幌子，开始大面积"补仓"。

和睦家的餐食还是很不错的，有西式和中式两种选择。一下子少了个顶在胃上的小淘气，我的饮食也恢复了正常节奏：牛排、罗宋汤、意大利面、牛肉卷、芝士蛋糕……三天里，我找回了大口吃饭大口喝汤的快感。连着将近十个月都没好好吃饭的我，并没有太多的讲究月子餐的配搭，除了生冷的食物之外，其他一概来者不拒。一场史无前例的巨大战役胜利了，还不好好犒劳自己吗？

可出院的那天，好戏上演了。产后作息混乱，再加上饮食没有适度的调节，肠道的蠕动还没适应，于是，便秘这个"顽固分子"又来捣乱了。看来，粗线条地忽略中国人传统的"坐月子"还是会带来些问题的。

许多妈妈在生产前都会无比美好地畅想"坐月子"：终于卸货了！新妈妈可以一整个月躺在床上休息，想吃什么就吃什么，没有了孕期的失眠，没有了不停往上走的体重，时不时地亲吻和拥抱可爱的小宝宝……

可事实上，产后的第一个月代表着：终于彻底失眠了！新妈妈必须每3到4个小时喂一次母乳，不分昼夜；许多东西需要忌口，有时甚至比孕期还要严重，因为你的饮食直接影响宝宝的健康。如果他是个容易得奶癣的孩子，那么恭喜你，你将告别所有的海鲜直至他6个月大；由于宝宝对外部环境还没有完全适应，在一到两个月大的时候，他会经常哭闹，即便你去抱着他，他也不一定会配合哦。于是，对于东方人而言，"坐月子"的重要性便在这时体现出来了。

俗话说："产前补胎，产后月子，健康一辈子。"产后的第一个月是产妇身体机能恢复的黄金阶段，其中膳食是最为关键的。好在回到家后，我咨询了营养专家，他为我制定了一套产后身体调理的菜单。

首先，月子餐不是越多吃越好。在头两周里，产妇排恶露要比补身体来得更为重要。因此，不能盲目地吃一些大补、活血或者油腻的餐点，比如像猪脚汤、鸡汤、鱼汤、红枣桂圆甜汤等等都是要避免的。而猪肝、腰花等带有补血补气的功能，可以很好地帮助产妇恢复元气，清淡的饮食也有利于肠道功能的恢复。要知道，生完孩子，产妇的腹部如同一下子被掏空了一样，各个器官以及皮肤筋骨都需要时间恢复到原来的位置。所以，产后调理欲速则不达。

到了后两周，产妇可以适当地补充一些脂肪含量高的食物，这不仅有利于恢复体力，也有助于补充母乳中的脂肪含量。

老祖宗的"坐月子"还有这样一些不成文的规定：不能洗头、洗澡，不能喝水、吹风，不能吃盐，不能流泪等。

这些并不是没有道理，不过以我的经验，应该科学地理解这些理念，并作出相应的"现代化"的执行。

首先，不洗头，是因为古人大多不剪发，劳师动众地洗个头，又不容易干，如果受凉会影响排恶露，于是干脆一月为限，不洗了。而不洗澡是由于古时候的淋浴条件相对落后，坐浴则会对会阴伤口造成伤害，所以才会有这么一条。对于这两条，我基本是在医院就"破戒"了。病房的室温一直都控制在26度左右，即便是浴室也是如此，生产的过程中，妈妈会大量的出汗，如果妈妈不尽快洗澡，浑身臭臭的都是汗味，估计宝宝也会嫌弃你吧。

其次是"不喝水"，听说是古时候的女子怕子宫下垂，这个说法真是有点矫情了。不过，生产之后的一个月里，新妈妈的腹部的确会经历前所未有的变化——五脏六腑从挤成一堆到各就各位。如果一下子吃太多、喝太多，容易变"小腹婆"。但不喝水是不科学的，少喝水，或者喝一些有助缓解产后的水肿的薏米水或者绿豆水还是可以的。

不能吃盐在我看来，一是为了缓解水肿，二是为了饮食清淡。可一粒盐都不沾，人体所需的盐分不够，对身体恢复适得其反。合理的摄入一些口味清淡的菜，避免辛辣、刺激、生冷的食物就可以了。

最后，"不能流泪"其实是对产后抑郁的一个简单概括而已。新妈妈生产后面临许多身体和心理的挑战，激素水平和体内的荷尔蒙都会有巨大的变化，此时就需要新爸爸给予更多细心的呵护。当全家人围绕着刚出生的宝宝团团转时，新妈妈难免会受冷落，有时她会如同孩子一般脆弱地哭起来。适当的释放自己的压力，缓解身份转变带来的心理落差，也是很有必要的。

【来自药膳专家Bob的月子汤】

四物汤（盅）

原料：当归1克，川芎1克，白芍1克，熟地1克，瘦肉100克，清汤（鸡汤）230毫升。

调料：细盐0.8克，冰糖0.5克。

做法：

1. 先将药材用水冲洗。
2. 将药材和瘦肉一同放入炖盅内。
3. 将鸡汤调味后倒入炖盅内加盖，放入蒸锅内，上汽后大约蒸3小时左右即可。

功效：补血调经，养阴润燥。

生化汤（盅）

原料：当归1克，川芎0.5克，桃仁0.6克，干姜0.2克，甘草0.2克，瘦肉100克，鸡汤。

调料：细盐0.8克，冰糖0.5克。

做法：

1. 先将药材用水冲洗。
2. 将药材和其他原料一同放入炖盅内。
3. 将鸡汤调味后倒入炖盅内加盖，放入蒸锅内。待蒸锅上汽后大约蒸3小时左右即可。

功效：补血散寒

洛神花山楂汤（煲）

原料：山楂80克，洛神花25克，甘草5克，清汤1000毫升。

调料：冰糖适量，盐适量。

做法：

1. 将所有原料冲洗后倒入沙煲内。
2. 加入清汤，大火烧开，再改用小火煲15分钟即可。

功效：健脾消食，安神。

通草黄豆猪脚汤（煲）

原料：猪脚600克，黄豆100克，通草25克，姜片2片，水2500毫升。

调料：盐4克，冰糖2克，黄酒少许。

做法：

1. 猪脚焯水后洗净待用。
2. 将所有原料倒入沙煲中加入清水，用大火烧开后，改中小火煲2小时左右。

功效：健脾润燥，通乳利水。

四物汤　生化汤

洛神花山楂汤　通草黄豆猪脚汤

宝宝护理 ABC

"姚阿姨，你总算来了！"

由于 George 的急性子，他提前半个月"驾到"，家里的月嫂也错了档期，我们一家人度过了昼夜颠倒的 10 天。终于，在元旦的那天，月嫂姚阿姨来到了我家。大家对月嫂的评价褒贬不一。我的看法是，有一个经过专业培训的帮手来指导总好过漫无目的在摸索中学习。至少，当我经历了 10 天没有月嫂的日子之后，我已经不相信任何书本上的理论知识了，这就是一个"身教大于言传"的技术活。月嫂并不是仅仅为你承担所有带孩子的工作，而是给新妈妈一个缓冲的机会，在身体慢慢恢复的同时，逐渐地了解与孩子相处的一些小窍门。

姚阿姨已经护理过 100 多个新生儿，也算是业界翘楚了，刚刚入行的时候也是战战兢兢的，每三天负责照顾一对母子。她对孩子发自内心的喜爱和骨子里那股麻利、负责的劲儿使她在母婴护理这个行当里有了非常好的口碑。她一进门便换上了一身棉质的家居服，和我轻轻问了声好，便走到小床边："宝贝，你好呀，哦哟哟，伸懒腰啦，醒啦醒啦！"她简单的开场白像绵软的白砂糖一般，甜甜地挂在我们心上，这下可算是迎来救星了。

【来自姚阿姨的护理提示】

脐带护理

很多新手妈妈看到脐带护理都会很紧张，出血和分泌物的出现让我们瞬间成了稻草人，不敢碰也不敢动。姚阿姨很淡定，她每天两次用棉花棒蘸一点点酒精，沿着脐带结痂的地方从里往外擦两圈。擦拭的时候，她会小心翼翼地提着结痂的脐带梢，以便彻底清洁"死角"。如果是出血，也不用太慌张，这都是正常的现象。就像你的小伤口愈合的时候，也会时不时地出点分泌物，不是吗？用干的棉花吸一下出血的地方，再让它自然收干就可以了。千万别傻乎乎地去用纱布和药物哦，这样会适得其反的。脐带脱落前，姚阿姨并不建议宝宝每天洗澡。如果是夏天出生的宝宝，可以在床上垫一块防水垫，再用湿毛巾擦身，避开脐带的地方就可以了。

洗头

George 的外婆不敢给他洗头，总是怕水淋到他的耳朵，这也是很多妈妈担心的问题。姚阿姨的手势可"潇洒"了。她习惯在卧室的洗手台给 George 的小脑袋来个淋浴，这样才能把头发上的泡沫冲得干干净净的，时不时还给他来个头部按摩。这么高难度的动作如何一个人就搞定的呢？

她通常会在洗手台上铺一块浴巾，用左手的小手臂托住 George 的上半身，再用左手的手掌托住他的小脑袋，大拇指和无名指分别掩住他的两个小耳朵。外婆常说这个动作叫"把耳朵关起来"。这样一来，既能控制住 George 的头不乱晃，又能防止水流过大而淋到耳朵。右手也不能闲着，先用小纱布沿着额头淋湿他的头发，再用指甲盖大小的一小坨洗发水在头上揉出泡沫。洗发水不用天天用，一周一次就可以了，月子里的孩子并不经常外出，头发也只是轻微地出点汗而已，大多数的时间还是用清水洗。一气呵成之后，再用干毛巾擦干头发就可以了。这个在洗手台上完成的洗头过程，我们一直沿用到现在，George 也非常享受这个过程。

室温与着装

"新生儿在室内不用穿太多，室温保证 24～26 度的情况下穿一件单衣足够了！"姚阿姨的丰富经验造就了她一针见血的指导风格。的确，我们应该走出新生儿怕冷的误区，不要再给小宝宝里三层外三层地包裹起来了。这样的做法既限制了宝宝四肢的活动和触感，还会让他觉得热。一般来说，婴儿的着装应该比大人少一件衣服。当我在室内穿一件长袖的卫衣时，我通常都会给 George 穿一件短袖。一年的实践证明，他的抵抗力的确比同龄的孩子要强一些，爬行和走路的时间也会相对比较多。

许多新妈妈都会给小宝宝买手套，姚阿姨可不赞同。"戴手套那是老法了，现在流行把指甲剪短了，让小宝乱动。"这话还真是没错！我的一位法国朋友就告诉过我，婴儿在三岁前，手掌和脚掌都会有一个非常敏感的"学习期"，在通过触摸来感知世界的时候，他们的手掌和脚掌会给大脑发出神奇的信号，大脑的活跃度要大大高于那些戴手套、穿袜子的孩子，简而言之，就是更聪明。所以，不要限制孩子的手脚，只要不是在大雪纷飞的室外，不妨试试让他们伸手伸脚地好好感知这个世界。三岁以后，这扇学习的大门可就无情地关上咯！

洗屁屁

洗屁屁是爸爸最不喜欢干，但又不得不天天干的活。我们一直沿用姚阿姨教我们的方式给 George 洗屁屁，但现在他已经一岁半了，太重了，所以必须两个人合作完成，不过核心动作都由爸爸来完成。

那么，这个神秘的动作是怎样的呢？

和洗头一样，这个动作我们也是在洗手台上完成的。原因也差不多，因为淋浴更卫生，更方便。

George 是吃母乳的，所以一般一天要拉个 6 到 7 次。每次洗屁屁，姚阿姨会先备一块干毛巾在洗手台上，同时用手腕来测试水温。她用软软的肚子和左手的手臂支撑着 George 的上半身，左手手掌握着 George 的脚踝，这样的姿势可以让水充分冲洗小屁屁，右手再帮衬着洗一下，30 秒不到就可以搞定了。

相比之下，不少家庭要准备洗澡盆，开暖气，两人合作洗完一轮之后，再换水，再冲洗，忙活了 20 分钟之后，指不定哪一刻，宝宝又"余兴未了"地拉了，你就抓狂了。

在洗手台上洗屁屁，唯一的问题就是，你自己洗手时，回想起宝宝的便便，会感觉有些异样。

黄疸

新生儿黄疸是每个孩子都会碰到的问题，如果宝宝在出院时指标正常，那就可以顺利回家进入第二阶段的"阳光浴"。

我们的阳光浴也很有趣，等 George 迷迷糊糊要睡觉的时候，姚阿姨会打开朝南的窗子，让阳光透进来。George 很安逸地躺在她的大腿上，慢慢入睡。好梦正酣的时候，姚阿姨会露出他光溜溜的小屁屁和背，晒上 20 分钟左右。一般来说，上午 10 点和下午 4 点左右的阳光比较柔和，不容易晒伤宝宝娇嫩的皮肤。另外，宝宝的眼睛和男宝宝的私密部位也尽量不要被晒到哦！

【姚阿姨的的推荐单品】

如果是红屁屁的孩子可以用屁屁乐，这个性价比非常高的膏药最多两天就能见效了。

加州宝贝比较适合奶癣严重的孩子。但如果你不想用带有激素的产品，可以用开塞露。它的成分很简单——甘油和水，作用也很直接——保湿滋润。一般三天就会有明显的好转了。

对于那些看不得宝宝的小鼻子被鼻屎堵住的处女座妈妈们，细致的姚阿姨会选择贝亲的一款螺旋状的棉花棒，又细又小，关键是能够把鼻屎卷出来，毫不费力。

宝宝在 100 天内，要经常做一些抚触操，每个人的动作不一，但效果都是为了让宝宝和妈妈增进感情，并且使肌肉和骨骼得到锻炼。配合一些精油，抚触效果会更好。姚阿姨会在抚触的时候鼓励 George 抬头，还会唱一些可爱的童谣，真是全能了！

这一切才刚刚开始

在写这篇结语的时候，乔治已经 17 个月了。他现在每天早上睁开眼睛的第一件事就是抓着小床的栏杆站起来，像个小猫一样使出浑身的劲儿伸个懒腰，然后，用他萌化了的声音叫："妈妈！妈妈！"这是他说的比较清楚的几个词语之一，其他的，我们基本要靠外婆的翻译才能懂。

"妈妈"这个称呼有着神奇的魔力。它能让你舍不得丢下小小的他，却又能让你鸡血满满地去上班，而后，第一时间冲回家看他。

大家常说，一孕傻三年。我好像是变傻了不少，而且还有一年要傻。

我的手机日历上排满了各种工作内容，拍摄、采访、开会、联络采访嘉宾、看场地等等，但有的时候，我会分不清楚那"会议"俩字记得究竟是和谁一起开，因为一天有四个一模一样的"会议"。这在我怀孕之前好像从来没有发生过，我不用记录就能清晰地记得一切行程安排。随着工作经验的增长，我的工作范围和内容慢慢扩大，作为一名工作中的妈妈，这些挑战如同一个个人生的砝码在不断地增加。于是，我开始仔细地在手机日历上标注会议的时间、地点、任务和内容。有点回到小学时代写备忘录的感觉。

而在我的日历备注里，尽量保证有一部分是安排给 George 的日程："下班买粉红猪的 book"，"明约早教体验"，"奶瓶、奶嘴！换！！"，"双休日不加班，陪小朋友去 zoo"。晚上睡觉前，我看看这些备注，真是觉得很好笑，一件非常"小儿科"的事儿，如果不是记在手机日历上，我竟然都会连着三天都忘记，最夸张的记录是忘记了半个月。

一个工作在电视行业的妈妈，工作节奏快工作压力大，再加上孩子的那些容易被遗忘的星星点点的细节，让我养成了落笔做计划的习惯，一分钟都恨不得要掰成十份用。我依然在慢慢适应母亲的角色。

在写这本书时，我想分享的是我的孕产经历，我觉得那些记忆是如此珍贵和美好。而现在，我发现，这是一个五味杂陈的开始。就像那些妈妈"前辈们"说的，"卸货"仅仅只是一个开始。

成为母亲，我有幸重新经历了一次童年，也重新学习如何更好地成为一个个体，一个角色更丰富的个体。谢谢可爱的 George 在我筋疲力尽回到家的时候那一句没头没脑的"爸爸"，谢谢我的父母们在我们最需要帮助的时候又开始了新一轮的"战斗"，谢谢我的 W 先生，最大限度地体谅这个荷尔蒙汹涌增长的新妈妈。

这一切才刚刚开始……

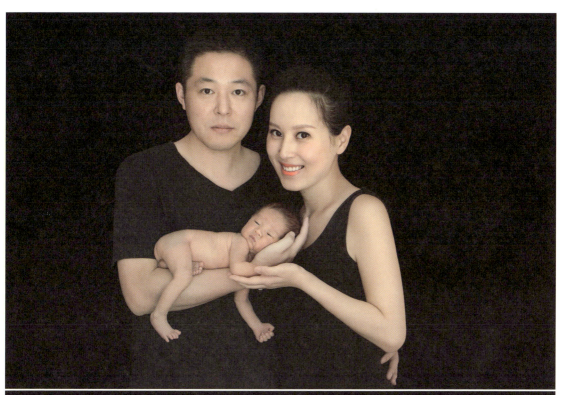

图书在版编目（ＣＩＰ）数据

我的孕产私教手册 / 刘舒佳著 . -- 上海：上海文
化出版社，2016.7
ISBN 978-7-5535-0553-4

Ⅰ . ①我... Ⅱ . ①刘... Ⅲ . ①孕妇－妇幼保健－基本
知识②产妇－妇幼保健－基本知识 Ⅳ . ① R715.3

中国版本图书馆 CIP 数据核字 (2016) 第 118508 号

责任编辑　罗 英　张 琦
装帧设计　Taki He
责任监制　陈 平　刘 学

书　　名　我的孕产私教手册
作　　者　刘舒佳
出　　版　上海世纪出版集团 上海文化出版社
地　　址　上海市绍兴路 7 号
网　　址　www.cshwh.com
邮政编码　200020
发　　行　上海世纪出版股份有限公司发行中心
印　　刷　上海丽佳制版印刷有限公司
开　　本　787×1092 1/16
印　　张　9.5
字　　数　168 千字
版　　次　2016 年 7 月第一版　2016 年 7 月第一次印刷
国际书号　978-7-5535-0553-4/G.081
定　　价　48.00 元

敬告读者 本书如有质量问题请联系印刷厂质量科
电　　话　021-64855582